WAS FÜR EIN JAHRHUNDERT

Mehr Bäume.
Weniger CO₂.

www.cpi-print.de/umwelt

MIX
Papier aus verantwor-
tungsvollen Quellen
FSC® C083411

FSC
www.fsc.org

Kurt Seinitz:
Was für ein Jahrhundert

Alle Rechte vorbehalten

© 2022 edition a, Wien
www.edition-a.at

Cover: Bastian Welzer
Satz: Bastian Welzer

Gesetzt in der Premiera
Gedruckt in Deutschland

1   2   3   4   5   —   26   25   24   23   22

ISBN 978-3-99001-601-5

Kurt Seinitz

WAS FÜR EIN JAHRHUNDERT

EIN LEITFADEN DURCH DIE WELT IM CHAOS

edition a

INHALT

VORWORT

»Was für ein Jahrhundert!«, ging mir durch den Kopf, als die Nachricht vom russischen Einmarsch in die Ukraine kam. »Wieso wird die Welt immer wahnsinniger?« Seit 9/11 zu Beginn dieses Jahrhunderts, dem Terrorangriff auf die New Yorker Zwillingstürme, kommt die Welt nicht mehr zur Ruhe. Wer bisher geglaubt hatte, in unserem Jahrhundert wäre es nicht mehr möglich, dass ein durchgeknallter Machthaber Europa in ein Schlachtfeld verwandelt, der wurde eines Schlechteren belehrt. Auch wenn manche Vorgänge und Entscheidungen noch so abwegig erscheinen mögen, haben sie doch eine Ursache.

Warum passiert, was passiert? Das ist das Leitmotiv dieses Buches. Dazu zählen auch die persönlichen Anekdoten, die ich während meiner fünfzigjährigen Laufbahn mit Weltenlenkern erlebt habe. Manche sind so urkomisch, dass ich bis zum 23. Februar 2022, dem Vortag des Krieges, immer wieder behauptet hatte: »Mich kann nichts mehr überraschen.« Dann kam Putin.

Ja, die Welt ist verrückt geworden – und brand-gefährlich. Folgen wir den Spuren, warum es so gekommen ist.

JAHRHUNDERTWENDE UND ZEITENWENDE

»Globalisierungsdreck« – diese Bezeichnung für Coronaimpfstoffe bei den Demonstrationen der Impfgegner ließ den ersten Verdacht aufkommen, dass mit der Welt etwas nicht mehr stimmt. Was geht in solchen Köpfen vor? Wie können derart abstruse Verschwörungsmythen in unserem stolzen »Zeitalter der Vernunft« möglich sein?

Die Pandemie war noch nicht vorbei, da schlug Putin zu. Wider jede Vernunft brach er einen Eroberungskrieg nach dem Muster früherer Jahrhunderte vom Zaun. Der russische Präsident hat damit das Faustrecht in die internationale Politik zurückgebracht – ein schwerer zivilisatorischer Rückfall. Seine Invasion der Ukraine rundet das Bild einer Zeitenwende ab: Dieser Einmarsch war mehr als nur eine territoriale Grenzüberschreitung. Überschritten werden in diesem Jahrhundert allenthalben Grenzen zur Unvernunft.

Die Welt ist aus den Fugen geraten. Sie ist aus dem Zeitalter der Aufklärung, das sich als vernunftgeleitet hielt, in ein Zeitalter der Wirrnis gestürzt. Solche Wendezeiten sind allerdings kein neues Phänomen. Tektonische Erschütterungen der herkömmlichen Ordnung gab es immer wieder in der Geschichte. Epochen der Umwälzungen waren von Angst, von Gegenreaktionen oder dem Glauben an Heilslehren begleitet. Viele Menschen fühlten sich von neuen Erkenntnissen und Herausforderungen einfach überfordert, fanden keinen vertrauten Halt mehr an alten Ufern.

Signifikant für Wendezeiten – oder sogar ihr Auslöser – ist die Globalisierung beziehungsweise sind es ihre Vorläufer in früheren Jahrhunderten. Globalisierung steht für die Verflechtung aller Lebensbereiche über den bis dahin gekannten Lebensraum hinaus. Das erzeugt Gefühle der Unsicherheit, der Verlorenheit und des mangelnden Überblicks. Wer aber Zusammenhänge erkennt, kann Entwicklungen und Ereignisse entwirren und einordnen, Wurzeln freilegen, Verunsicherung bannen, muss sich nicht überraschen lassen. Das Gebot lautet: Durchblick gewinnen.

DIE VERDICHTUNG
DER KRISEN

Das Jahr 1979, in dem die folgenschwere Islamische Revolution im Iran ausbrach, gilt heute als »Mutter der Zeitenwende«, als Geburtsstunde der Welt im Umbruch. (Die vielfältigen
Ereignisse des Jahres 1979 werden in diesem
Buch noch ausführlich behandelt.) Seit dem
Paukenschlag von Teheran folgten Krise auf
Krise, Terror auf Terror (mit dem Höhepunkt
des New Yorker 9/11 zum Jahrhundertbeginn),
Krieg auf Krieg, Pandemiewelle um Pandemiewelle und schließlich Putins Krieg – und über
allem schwebt das Damoklesschwert der Klimakrise und ihrer Auswirkungen. Diese Fortfolge
von immer neuen Krisen, diese Verdichtung
der Krisen, stellt die Welt vor Probleme, für die
sie noch keine Lösung hat. Beate Winkler, die
frühere Leiterin der EU-Grundrechtsagentur,
bringt es in der ORF-Sendefolge *DialogForum* auf
den Punkt: »Die Welt ist nicht nur im Umbruch,
sie steht auch am Scheideweg. Es finden Verän-
derungen gleichzeitig in allen Lebensbereichen

statt. Das Alte ist weg, das Neue noch nicht da. Die oftmals gehörte Frage dazu: Wann wird es wieder so sein wie früher?«

PUTIN, ZERSTÖRER EINER EPOCHE

Der russische Staatsführer hat mit seinem Tabubruch die Welt in ihren Grundfesten erschüttert und die gesamte europäische Friedensordnung zum Einsturz gebracht. Diese Ordnung war als eine Lehre aus den und eine Antwort auf die beiden verheerenden europäischen Bürgerkriege des 20. Jahrhunderts, den Ersten und den Zweiten Weltkrieg, aufgebaut worden. Man konnte sich einen neuen derartigen Krieg in Europa einfach nicht mehr vorstellen. Niemand rechnete mit solch einer Ruchlosigkeit und Grausamkeit im Kreml. Die Europäer waren vom Frieden verwöhnt gewesen. Kriege fanden seit einer Generation nur noch in Computerspielen statt. Das Erwachen ist bitter. Mit der Friedensordnung ging auch die Friedensdividende verloren, die Europa über Jahrzehnte Wohlstand gebracht hatte. Wir erleben die größte Vermögensvernichtung seit dem Zweiten Weltkrieg. Wer hätte gedacht, dass die Ernährungssicherheit auch in Europa noch einmal ein Thema sein wird.

Putins Tabubruch wird auf Jahrzehnte derart einschneidende Folgen haben, dass der deutsche Bundeskanzler Olaf Scholz in seiner Bundestagsrede anlässlich des Krieges quasi offiziell das Wort »Zeitenwende« für alle Bereiche des öffentlichen Lebens in die Politik eingebracht hat. Die deutsche Regierung sah sich zu einer scharfen politischen und militärischen Wende genötigt, nachdem man in Berlin allzu lange in der Tradition des deutschen Idealismus an die Angleichung der russischen Politik an europäische Maßstäbe geglaubt hatte. Sogar als Putin schon 100.000 Truppen für »Manöver« an der ukrainischen Grenze aufmarschieren hatte lassen, reisten Scholz und andere europäische Staatsführer nach Moskau, um den Kremlchef zu beschwichtigen. Im Nachhinein stellte die deutsche Außenministerin Annalena Baerbock (von den Grünen) nüchtern fest: »Wir wurden eiskalt belogen. Die gesamte internationale Gemeinschaft.«

Das wirft die Frage nach Lüge und Täuschung als Mittel der russischen Politik auf. Lügen ist in der politischen Elite Russlands traditionell keine moralische Frage, sondern eine Waffe zur Durchsetzung von Zielen und der älteste Trick der

Kriegsführung. Wer Lügen glaubt, entlarvt sich als Naivling und damit als Schwächling. Mit Täuschungsmanövern hatten schon Attila und die Mongolen Krieg in Europa geführt. Dieses Erbe muss jeder Politiker im Umgang mit der russischen Führung beachten.

Keine Berechtigung hat das Mobbing gegen Deutschland aus Kiew und aus dem Westen wegen der zögerlichen Haltung bei den Militärlieferungen an die Ukraine. Die westlichen Alliierten hatten nach dem Zweiten Weltkrieg alles darangesetzt, den Deutschen durch ein Umerziehungsprogramm (»Reeducation«) den Militarismus auszutreiben. Dass sie dabei übererfolgreich waren, kann man den Deutschen heute nicht zum Vorwurf machen. Deutschland will in Europa lieber aus der zweiten Reihe führen und lässt sich das viel kosten.

Das ewige Rätsel Russland

Die Frage ist uralt: Warum verhält sich Russland so, wie es sich verhält? Warum ist es seit dem frühhistorischen Abschütteln des »mongolischen Jochs« der Inbegriff von Unfreiheit und (geistiger) Abschottung geblieben? Weshalb endet alle Macht stets in der absoluten Allmacht einer Person? Was verspricht sich Kriegsherr Putin von seiner Strategie »Befreiung durch Zerstörung« in der Ukraine?

Der Klüngel im Kreml hatte sich dreifach verrechnet: kein Blitzkrieg, kein »regime change« in Kiew, kein Westen, der sich alles gefallen lässt. Jetzt müssen kleinere Brötchen gebacken werden. Die Politikwissenschaftlerin Claudia Major von der deutschen Stiftung Wissenschaft und Politik im ORF-Hörfunk: »Für Putin ist ein schlecht laufender Krieg immer noch besser als ein schlechter Frieden, ein dahinköchelnder Krieg, an den sich Europa gewöhnt, besser als eine Kompromisslösung, bei der die russische Öffentlichkeit Fragen stellen könnte.«

In Putins Epochenbruch sieht Claudia Major eine echte Zeitenwende: »Wir müssen anerkennen, dass es nicht mehr so sein wird wie vorher. Das Vorher war die Zusammenarbeit mit Russland, in Europa eine Friedensordnung aufzubauen. Russland hat sich mit diesem Krieg daraus verabschiedet. Es wählte Krieg, um seine

Interessen durchzusetzen, und das ist ein ganz großer Unterschied im Denken. Für uns bedeutet das, anzuerkennen, es gibt jemanden, der bevorzugt Krieg im Gegensatz zu friedlichen Lösungen.« Hat da die Diplomatie, die Suche nach Gesprächen, überhaupt eine Chance? Rüdiger von Fritsch, bis 2019 deutscher Botschafter in Moskau, im Deutschlandfunk: »Putin hat das Schachbrett umgeworfen. Er hat statt Dialog auf Konfrontation gesetzt. Dennoch bleibt es dabei: Diplomatie heißt 19-mal die Mauer hochklettern, 19-mal herunterfallen und hoffen, dass es beim zwanzigsten Mal klappt.«

Schwer liegt auf Russland das bleierne Gewicht der reaktionären orthodoxen Kirche des Moskauer Patriarchats, die sich als Gegenpol zur »lateinischen« Kirche versteht, als »Drittes Rom« (nach dem Fall von Konstantinopel), aber auch als Endzeit-Rom sowie als Hüter der christlichen Zivilisation in einer Welt ohne rechten Glauben. Seit der endgültigen Spaltung der beiden Kirchen 1054 ist sie von Misstrauen gegen Ideen aus dem Westen geprägt. In ihr lebt die DNA des Byzantinischen Reiches mit all ihren Merkmalen weiter. Laut dem Politikwissenschaftler Jörg

Himmelreich prägte dieser Bruch nicht nur das politische System des Zarenreichs, sondern auch noch jenes der Sowjetunion und ist mit der Herrschaft Putins sogar stärker denn je im russischen Staatsdenken verankert: »So bildet die historische orthodoxe Herrschaftsideologie auch heute wieder die Goldgrube für Putins autokratisches Regime und seinen wiederbelebten russischen Expansionismus.«

Thron und Altar bilden in Putins Russland wieder eine untrennbare Einheit. Patriarch Kyrill – er stammt noch aus einer Generation, wo der sowjetische KGB (Komitee für Staatssicherheit) die Priesterauswahl traf – predigt für die »militärische Spezialoperation« seines KGB-Kollegen Putin. Dieser Kurs war schon vor dem Krieg die Ursache gewesen, dass sich ein eigenes Kiewer Patriarchat von Moskau getrennt hat (mit dem Segen des ökumenischen Patriarchen in Konstantinopel/Istanbul, der in Moskau eine Konkurrenz sieht). »Kyrill inszeniert seit Jahren Russland als Bollwerk gegen die westliche ›gottlose Zivilisation‹«, so Friedrich Schmidt in der *Frankfurter Allgemeinen Zeitung.* »Als Beispiel von westlicher Dekadenz nennt Kyrill, der selbst eine Vorliebe für

westliche Luxusgüter wie teure Uhren hat, ›über-
mäßigen Konsum‹ und vor allem ›Gay-Paraden‹:
Die Rechtgläubigen seien in einen Kampf eingetreten. Zudem negiert Kyrill, wie Putin, jede Ei-
genständigkeit der Ukrainer, die für ihn Teil eines
einheitlichen russischen Volkes seien. Wie Putin
gibt Kyrill ›äußeren‹ (also westlichen) Kräften,
die ›Russland schwächen‹ wollten, die Schuld am
Krieg. Kyrill hatte schon Putins Syrieneinsatz als
›heiligen Kampf‹ bezeichnet.« Kirche und Politik
werfen einander die Bälle zu.

Vom »Heiligen Krieg« spricht im TV Wjatscheslaw Nikonow, der prominente Abgeordnete
der Staatsduma (Unterhaus des russischen Par-
laments) und Enkel von Stalins Außenminister
Wjatscheslaw Molotow: »Wir erleben in der heutigen Welt ein Phänomen – den Zusammenprall
der Kräfte des Guten und des Bösen, repräsentiert
durch die Nazibataillone der Ukraine. Wir stehen
auf der Seite des Guten. Deshalb ist es ein Heiliger Krieg, ein wirklich Heiliger Krieg, und wir
müssen ihn gewinnen, denn wir haben keine andere Wahl.«

Auf eine Volkserhebung in Russland braucht
niemand zu hoffen. Dafür sorgt schon der Fata-

lismus der sprichwörtlichen »russischen Seele«. Für die eigenen Opfer, sprich Kanonenfutter, gilt das Sprichwort »Die Weiber werden noch gebären« und die Opfer der anderen interessieren nicht.

Schon die alte Sowjetunion war in ihrer Seele nichts anderes als Uralt-Russland. Ich erinnere mich noch an die bildliche Darstellung der hierarchischen Reihung der Mitglieder des Politbüros und des Präsidiums des KP-Zentralkomitees der kommunistischen Sowjetunion. Generationen von Auslandskorrespondenten in Moskau waren damit beschäftigt, aus Verschiebungen der Rangordnung politische Zeichen abzulesen. Eines Tages führte mich ein österreichischer Diplomat in das Moskauer Patriarchat – und siehe da: Dort fand sich haargenau die gleiche hierarchische Darstellung der Metropoliten, Bischöfe, Archimandriten, Erzpriester und so weiter. Lenin und Stalin, selbst ein verhinderter Priesterzögling, waren also aufmerksame Schüler gewesen.

Modernisierungsimpulse sind in Russlands Geschichte stets nur auf dem Verordnungsweg von oben und aus der Ideenwelt des Westens – stoßweise – nach Russland gekommen, bevor das

Reich dann wieder in traditionelle Stagnation verfiel: von einem Zaren Peter I., der den Russen die Bärte abschnitt und sie in westliche Kleidung zwang, von einer deutschen Prinzessin Sophie von Anhalt-Zerbst, die als Zarin Katharina II. einen Hauch von Aufklärung brachte, oder von Lenins Marxismus. Liberalismus hat das Reich nie erlebt, außer in Ansätzen unter dem – gescheiterten – »Westler« Michail Gorbatschow (Stichwort »Glasnost«). Heute ist es wieder so weit: heiliges Mütterchen Russland gegen den Rest der Welt – bei der Abstimmung in der UNO-Generalversammlung fünf zu 141.

Den bisher treffendsten Erklärungsversuch zum Rätsel Russland unter den aktuellen Vorzeichen liefert der Stalin-Biograf Stephen Kotkin. Sein Fazit: Russland hat historisch schon immer das Problem gehabt, einen Großmachtanspruch zu stellen, ohne ihn – mit Ausnahmen – erfüllen zu können. Die Ambitionen übersteigen die Möglichkeiten. So ist Russland mit 144 Millionen Einwohnern an Wirtschaftskraft nur dreieinhalbmal größer als Österreich mit neun Millionen Einwohnern und der deutsche Bundeskanzler Helmut Schmidt lieferte einmal betreffend Russland das klassisch gewordene Zitat: »Obervolta (in Afrika) mit Raketen«. Professor Kotkin in der Zeitschrift *New Yorker*: »Was wir heute sehen, sind historische Muster – ein Autokrat, Unterdrückung, Militarismus, Misstrauen gegen das Fremde und vor allem gegen den Westen.«

Das Urproblem durch den ganzen Lauf der Geschichte sieht Stephen Kotkin darin, dass Russland immer geglaubt hat, als Macht des orthodoxen Ostens eine Mission erfüllen zu müssen: »Es kämpft ständig um diese Ansprüche, konnte sie aber nicht erfüllen, da der Westen immer der Mächtigere blieb. Um diese Kluft zu überwinden und das Land vorwärtszutreiben, greifen seine Autokraten zur Gewalt.« Die Konzentration der Macht auf eine Person und der Durchgriff der Autokraten nach unten, so Kotkin, hätten in der Geschichte eine selbstständige Entwicklung staatlicher Strukturen behindert. Putin griff auf altrussische Muster zurück.

Die Blindheit der Autokraten grenze an Selbstbetrug, analysiert der Autor. So habe Putin in Bezug auf die Ukraine das erwartet, was er sich selbst wünschte: dass die Ukrainer gar kein eigenständiges Volk seien oder dass sie die Russen mit offenen Armen empfangen würden, um von einem von außen dirigierten Regime befreit zu werden. Eine große Überraschung müsse die Haltung des Westens gewesen sein: »All dieser Unsinn, wie dekadent der Westen sei, dass es mit dem Westen vorbei sei – all das erwies sich als großer Quatsch. Das muss Putin schockiert haben! Welch eine Fehleinschätzung!« Zitat Kotkin: »Der Westen ist kein geografischer Begriff, er ist eine Welt der gemeinsamen Werte. Russland ist ein Teil Europas, aber nicht des Westens. Japan ist Westen, aber nicht Europa. Dieser Westen hat sich gegen Putin erhoben, in einem Ausmaß, das weder er noch Xi Jinping erwartet haben ... Wenn du davon ausgehst, dass der Westen aus Kabul davongerannt ist, dass Selenskyj nur ein TV-Komiker ist, ein Russisch sprechender Jude, musst du geglaubt haben, dass Kiew in zwei bis vier Tagen zu nehmen ist.« Putin wurde zum Gefangenen seiner Anti-Kiew-Besessenheit und seiner Hybris (Überlegenheitsempfinden).

Aus historischer Sicht ebenso rätselhaft wie das Verhalten Russlands ist aber auch das Verhalten westlicher Invasoren. Was hatte sie angezogen? Dreimal marschierten Armeen aus dem

Westen Richtung Moskau, zweimal wurde dabei die russische Hauptstadt besetzt, jedes Mal mussten die Invasoren unverrichteter Dinge abziehen.

Im Jahr 1610 waren es die vereinigten Polen-Litauer, die in der russischen »Zeit der Wirren« einen katholischen Prätendenten auf den Zarenthron bringen wollten. Den Patriarchen Hermogenes, der zum Volksaufstand aufrief, warfen sie in den Kerker und ließen ihn verhungern. 1913, zum 300-Jahr-Jubiläum der Romanow-Dynastie, wurde er dafür von der russisch-orthodoxen Kirche als Märtyrer (Opfer des Westens) heiliggesprochen. Er gilt als Nationalheld. Im Jahr 1812 war es Napoleon, der – bereits in Selbstüberschätzung – Russland in die Knie zwingen wollte. Er wurde von General Winter besiegt. Im Jahr 1941 war es Hitler, der sich auf russischem Boden einen Vernichtungskrieg zwischen den beiden politischen Systemen Marxismus/Leninismus und Faschismus/Nazismus lieferte. Auch sein Feldzug fiel General Winter zum Opfer.

Das Gefühl der Bedrohung zwischen dem Westen und Russland war also über Jahrhunderte gegenseitig. War es anfangs aus Gründen der Religion und/oder der nationalen Selbstbehauptung gewesen, so ging es später um die politischen Systeme. Das russische Sicherheitsempfinden ist geprägt von Invasionserfahrungen (auch jene von den Mongolen) und langen, nur schwer kontrollierbaren Grenzen. Die Abwehrkämpfe nährten einen Opfermythos, der durch eine aggressive Haltung kompensiert wird. Jede vermeintliche neue Bedrohung am Horizont wird so zur »selffulfilling prophecy«, einer sich selbst erfüllenden Prophezeiung.

In dieser Gemütslage war es wenig hilfreich, dass 2014 US-Präsident Barack Obama – vermutlich ohne Kenntnis historischer Hintergründe – Russland als »nur noch Regionalmacht« verhöhnte, wo dieses Land doch von Phantomschmerzen nach den Amputationen an der Großmacht Sowjetunion geplagt wird. Für Amerika, so der US-Präsident aus Chicago, gebe es schlimmere Bedrohungen. Kremlchef Putin agiere aus einer Position der Schwäche, so Obama. In Moskau wurden diese Worte als schwere Kränkung aufgefasst und Putin hat sich das wohl gemerkt. Man weiß, dass er rachsüchtig ist. Auf russische Empfindlichkeiten Rücksicht zu nehmen, empfahl schon der österreichische »Staatsvertrags-

kanzler« Julius Raab, als er in seiner volkstüm-
lichen Art meinte, man solle »dem russischen
Bären nicht in den Schwanz zwicken«.

Wie aus dem KGB-Klon Putin ein Tyrann wurde

Die Geschicke Russlands werden heute von
einem Mann gelenkt, der noch mächtiger ist als
die Kremlchefs der Sowjetunion seit Stalin. Seine
Herrschaft ruht auf einem noch kleineren Kreis
als jenem der Führer der Kommunistischen Partei der Sowjetunion. Wladimir Putin wurde im
Jahr 2000 von Boris Jelzins »Familie«, so nannte
man seinen Hofstaat, zum Nachfolger erkoren,
weil Jelzin selbst amtsunfähig geworden war.
Putin sollte Ordnung und Stabilität schaffen.

Welche Hintermänner hatten den damals
noch wenig bekannten KGB-Offizier in das hohe
Amt geschoben? Putin war schon in der zweiten Hälfte der 1990er-Jahre als »graue Maus« in
die höchsten Sphären der Kremlführung aufgestiegen: als Chef des Inlandsgeheimdiensts FSB
und schließlich als Ministerpräsident. In diesen

JELZIN ZIEHT SICH AUS

Die Wahrheit und nichts als die Wahrheit sollen Journalisten berichten. Manchmal haben sie aber auch die Verantwortung, nicht alles auszuplaudern, was sich hinter den Kulissen abspielt. So geschehen im Allerheiligsten Russlands, dem Kreml.

Boris Jelzin war zu einem seiner ganz seltenen Interviews bereit und es sollte sich bald herausstellen, weshalb so selten: Das Interview vollzog sich unfreiwillig kabarettreif. Schon beim Handschlag fiel mir Jelzin fast in die Arme. Dann legte er die Hand um meine Schulter und führte mich zum Interviewtisch. Dort entledigte er sich des Sakkos und auch gleich der Krawatte. Er öffnete die Hemdknöpfe bis fast ganz nach unten, krempelte die Ärmel hoch und eröffnete das Interview mit einem herzhaft schallenden »Schießen Sie los!« (so der Kremldolmetscher höchst verlegen).

Das Interview holperte dahin, denn mal waren Jelzins lallende Äußerungen kaum zu verstehen, mal verlor Jelzin mitten im Satz den Faden und fand ihn nicht wieder. Nach dem Abschied — Jelzin konnte nicht mehr aufstehen — flüsterte mir der Pressechef des Kremls beschämt ins Ohr: »Wir wären Ihnen dankbar, wenn Sie im Interesse der Beziehungen zwischen beiden Staaten von der Veröffentlichung der Umstände des Interviews Abstand nehmen.« Ich nahm.

Jedenfalls war Jelzin von jenen drei Kremlchefs, die ich in Interviews kennengelernt habe, der »menschlichste«. Gorbatschow war der kluge Analytiker mit »westlichem« Intellekt, Putin der Zar, Jelzin war der sympathische »Muschik« (russischer Kerl).

Jahren ereigneten sich seltsame Dinge, die später mit Putin in Zusammenhang gebracht wurden und die ein frühes Licht auf seinen Charakter und sein aktuelles Verhalten werfen.

Putin hatte die Fäden in die Hand genommen, als die völlig desorganisierte und demoralisierte russische Armee gerade den ersten Tschetschenien-Krieg gegen das Unabhängigkeitsregime dieser kaukasischen Pseudorepublik Russlands (kleiner als Niederösterreich!) auf blamable Weise verloren hatte. Unter anderem hatten hungernde russische Soldaten ihre Waffen an die Tschetschenien-Milizen verkauft ...

Da begannen plötzlich, komplette Wohnhäuser in Moskau in die Luft zu fliegen, mit vielen Todesopfern. Der Verdacht fiel auf tschetschenische Terroristen, doch vermuteten immer mehr Journalisten der damals noch freien russischen Medien, dass Putins FSB (Nachfolgeorganisation des KGB) dahintersteckte, um einen Rachekrieg gegen Tschetschenien zu rechtfertigen. Tatsächlich wurden in einer sibirischen Stadt FSB-Leute dabei ertappt, wie sie gerade Sprengstoff, so wurde vermutet, in den Keller eines Hauses schaffen wollten. Die verlegenen Geheimdienstler stotterten etwas von Training und Manöver und in den Säcken sei nur Mehl, nahmen alles wieder an sich und verschwanden.

Am 26. August 1999 startete die halbwegs reformierte russische Armee mit einem Bombenangriff den Feldzug des zweiten Tschetschenien-Kriegs. Über das Territorium der Tschetschenen wälzte sich eine Orgie der Zerstörung. Die Hauptstadt Grosny wurde praktisch dem Erdboden gleichgemacht. (In Syrien ereilte Aleppo das gleiche Schicksal, in der Ukraine die Stadt Mariupol.) Der Sieg in Tschetschenien half Putin, bei den folgenden Wahlen die Kommunisten, die infolge der sozialen Notlage großen Auftrieb gewonnen hatten, zu schlagen.

In seinen ersten Präsidentenjahren wuchs Putin immer mehr in die Rolle eines populären Volksführers hinein – offen, leutselig und ohne Allüren. Doch kaum merklich verfinsterte sich sein Charakter Schritt um Schritt, bis zur Paranoia, die schließlich die Oberhand gewann. Oder hatte er als KGB-Klon immer schon eine unsichtbare Maske getragen, wie es gemäß der Ausbildung der Geheimdienstler zur Tarnung und Täuschung gehört? Seine engste Umgebung besteht über all die Jahre aus alten KGB-Kollegen, denen er – misstrauisch geworden – noch vertraut. Putin vergisst alte Freunde nicht. KGB-Freund Jewgenii Schkolow, noch aus der gemeinsamen Zeit in Dresden, wurde Personalchef im Kreml, sein Kollege Nikolaij Tokarew wurde Chef von Transneft (Erdölpipelines), sein Kollege Sergeij Tschemesow Geheimdienstbeauftragter für die Rüstung.

Ich habe Putin zweimal im Kreml erlebt: das erste Mal als jovialen, ja geradezu scheuen Kumpel, das zweite Mal schon als Zaren. Im ersten Interview hatte Putin noch festgehalten, dass der Rahmen von Österreichs Neutralität allein von Österreich bestimmt werde. Heute rügt das russische Außenministerium die nur noch »scheinbare Neutralität« Österreichs und warnt, dass man sich das merken werde.

Putins 22 Amtsjahre können in zwei Hälften geteilt werden: Die ersten elf Jahre waren die eines Stabilisators, die zweite Hälfte ist geprägt von der Errichtung einer Diktatur mit einem Rückfall in altrussische tyrannische Reflexe. Er hatte von Jelzin einen Staat in innerer und äußerer Auflösung übernommen – ein Russland als Bettler in tiefster Erniedrigung. Die Demokratie nach westlichem Vorbild war zu einer Farce verkommen. Oligarchen rissen sich in blutigen Kämpfen die Staatswirtschaft unter den Nagel und mischten auch in der Politik mit, während das breite Volk verarmte.

Besuch beim russischen Machthaber
Wladimir Putin 2001 im Kreml

Dieses »demokratische Jahrzehnt« der Neunzigerjahre hatten die Russen als demütigenden Albtraum erlebt. So sah es auch Putin. Als er von Jelzin das Amt übernahm, musste er sich erst in persönlich gefährlichen Machtkämpfen durchsetzen – mit nicht zimperlichen Methoden seiner KGB-Genossen. So machte er bei einer großen Konferenz den Oligarchen ein Angebot, das sie nicht ablehnen sollten: Jeder von ihnen könne gut und noch besser leben, wenn er die Hände von der Politik lässt. Wer nicht folgen wollte, bekam die Folgen zu spüren, wie Michail Chodorkowskij (Gefängnis, Exil), Wladimir Gussinskij (Exil), »Königsmacher« Boris Berezowskij (Zwangsexil, Selbstmord). Aus der Zeit dieser Kämpfe, auch gegen den blutigen Terror aus Kaukasien, stammt Putins Zitat mit einer Anspielung auf das Milieu von Schulhöfen: »Die Schwachen werden geschlagen.« Demokratie bedeutete für ihn folgerichtig Schwäche.

Putin stützte sich in den Folgejahren zusehends auf eine neue Herrschaftselite: auf die »Silowiki« (die Starken), die Inhaber der Machtapparate, sowie auf die Bosse der zurückverstaatlichten (Rohstoff-)Industrie. Kommandozentrale war die hypertroph aufgeblähte »Präsidialverwaltung« des Kremls. Die Regierung war nur noch ihr vollziehendes Organ. Die neue Elite hatte bald mehr zusammengerafft und vom Volk gestohlen, als es die alten Oligarchen je zusammengebracht hätten. Oligarchen sind keine Ideologen, solange

DER TRICK MIT DEN AUSGEBRANNTEN GLÜHBIRNEN

Es gab ein Aha-Erlebnis, bei dem mich die Erkenntnis überkam, dass der Sowjetkommunismus wirklich keine Zukunft hat: Flohmarkt in Moskau. Ein Händler bietet extrem billige Glühbirnen an. Frage: Was macht sie so billig? Antwort: Sie sind ausgebrannt. Frage: Wer braucht ausgebrannte Glühbirnen? Antwort an den ahnungslosen Westler: Diese tauscht man in öffentlichen Einrichtungen im unbeobachteten Augenblick gegen intakte Glühbirnen aus. In einem Vorgriff auf den Kommunismus war in Moskau das öffentliche Telefonieren gratis, allerdings funktionierte keine Telefonzelle …

die Kassa stimmt. Die Silowiki-Prätorianer hingegen huldigen russisch-konservativen Ansichten und der slawophilen Tradition gepaart mit großrussischem Chauvinismus.

Putin hatte das System des »starken Staates«, die Ideologie des »Russkij Mir« (russische Welt, russische Zivilisation) und das Blut-und-Boden-Pathos bald verinnerlicht – als Teil des »Putinismus«. Laut dem Stalin-Biografen und Russland-Kenner Simon Sebag Montefiore ist der reaktionäre Zar Alexander III. Putins Lieblingszar. Von dem ist der Spruch überliefert: »Ich brauche bloß zwei Verbündete: Armee und Marine.«

Wichtig für jedes autoritäre System ist, die Opposition in der Öffentlichkeit, das heißt in den Medien, mundtot zu machen. Das Putin-System setzte keine Zensurkommissare in die Redaktionen wie die alte Sowjetunion. Es ließ die Eigentumsverhältnisse wirken und die sind heute überwiegend gebündelt in der Firma Gazprom-Media mit einem Direktzugriff aus dem Kreml. Gazprom-Chef Aleksej Miller zählt zu den engsten Vertrauten Putins. Im Lauf der Jahre waren die Prätorianer um den Kremlchef so weit ausgefiltert, dass nur Jasager übrig geblieben sind, die an seine Unfehlbarkeit glauben.

Angela Merkel sagte es 2014 als Erste über Putin nach einer Krisenintervention bei ihm wegen der Krim: »Er lebt in einer anderen Welt.« Die Kanzlerin änderte aber nicht ihren Kurs. Und Finnlands Präsident Sauli Niinistö, der Putin kennt wie kaum ein anderer Staatschef, sagte nach einem Gespräch mit dem Kremlchef kurz vor dem Kriegsausbruch: »Er ist jetzt viel entschlossener. Ich glaube, er sah eine Gelegenheit und wollte sie ergreifen, um das zu tun, was er schon länger im Kopf mit sich herumtrug ... Zuerst dachte ich, dass die Ukraine nur der Köder ist und die Forderungen gegenüber den USA und der NATO seien die eigentliche Beute. Aber vielleicht will Russland auch den Köder essen.«

Schon 2013 schrieb ich unter dem Titel *Putin will die Ukraine schlucken* von seiner beginnenden Volkstumsparanoia. Laut seiner Zählung lebten 25 Millionen Russen außerhalb der Grenzen Russlands, die es in der Konkursmasse der Ex-Sowjetunion zu schützen galt. Besonders die Ukraine hatte es ihm schon damals angetan, da er dort eine ungehörige Diskriminierung des Russisch sprechenden Teils der Bevölkerung ortete, besonders im Osten an der Grenze zu Russland. Der alte Spruch (oder die Drohung) »Ohne die Ukraine ist Russland kein Imperium« hielt Eingang in die Politik des Kremls.

GESCHICHTEN AUS ABSURDISTAN

Putins Russland gleicht im politischen Verhalten immer mehr der alten Sowjetunion. Dennoch: Die legendären Absurditäten des kommunistischen Reiches gehören wohl ein für alle Mal der Vergangenheit an. Sowjetunion-Reisende erinnern sich mit Schaudern an die Hürden des verbürokratisierten Alltagslebens, die es zu umschiffen galt. Kulissen verbargen die kommunistische Realität, etwa in jenem Hotelzimmer, in dem nur die Hülle eines Fernsehgeräts stand, innen ausgeschlachtet. Oder ein anderes Hotelzimmer, in dem in der Duschnische dem strengen Geruch nach vorher offenbar Hasen gehalten worden waren. Während des frühmorgendlichen Spaziergangs zum Markt im damals sowjetischen Tiflis in Georgien begannen plötzlich, aus so gut wie allen Fenstern der schrecklichen Plattenbauten die Hähne zu krähen. Oder der sowjetische

Trick bei Badewannen, bei denen systematisch die Gummistöpsel fehlten: Man nehme das Wodkaglas, stülpe es über den Wasserabfluss, lasse Wasser einfließen und halte das Glas so lange fest, bis das Gewicht des Wassers den Druck selbst übernimmt. Oder nicht vergessen, den Fingerhut mitzunehmen, damit der Finger beim stundenlangen Drehen der Telefonscheibe nicht wund wird. Oder die Suche nach einem Transportvehikel in der chronischen Mangelwirtschaft: Man winke am Straßenrand erst mit der Hand, dann mit zwei Fingern (»Ich zahle das Doppelte«), dann mit drei Fingern und so weiter, bis ein Auto entsprechend der Verkehrslage und den Marktgesetzen des Kapitalismus anhält …

ENDE DER GLOBALISIERUNG?

Putins Krieg und die Coronapandemie haben der Globalisierung, zumindest so, wie wir sie kennen, einen schweren Schlag versetzt. Sie war als Naturereignis in die Welt gekommen und mit ihr muss die Welt leben, ob sie will oder nicht. An und für sich ist die Globalisierung weder gut noch schlecht. Man kann sie positiv aufnehmen oder passiv erdulden, nur ausblenden kann man sie nicht, nach dem Motto »Haltet die Welt an, ich will aussteigen!«. Man kann die Globalisierung beeinflussen und mit Rahmenbedingungen versehen, die den europäischen Werten entsprechen.

Dieser Krieg hat den Glauben an die Unumkehrbarkeit der Segnungen der Globalisierung, in der sich die Weltwirtschaft bequem eingerichtet hatte, tief erschüttert. Der deutsche Historiker Andreas Wirsching ortet in einem Interview mit der Deutschen Presse-Agentur sogar einen tiefen Einschnitt in der Weltgeschichte und das Ende der bisherigen Globalisierung: »Es wird nach dieser Zäsur kein Zurück geben. Die Kehrseite der Globalisierung, die Marktabhängigkeiten, waren teilweise schon während der Pandemie sichtbar, die bekanntlich große Lücken in die Lieferketten gelegt hat. Aufgrund des russischen Krieges gegen die Ukraine droht nun das Gespenst einer Energiekrise, die auf dem Energiesektor wichtige Zeit für Reformen gegen die Klimakrise kostet.«

Das Projekt »ewiger Fortschritt« hat ziemliche Risse bekommen. Statt des grenzenlosen Welthandels wird wieder der kleine Raum entdeckt. Europa wird wieder zum Produktionsstandort. »Die globalisierte Welt zerfällt«, schreibt Dmitrij Trenin, Direktor des russischen Thinktanks Carnegie Moscow Center. »Die Welthandelsorganisation (WTO) ist seit Jahren paralysiert – aus Gründen, die nichts mit der Ukraine zu tun haben –, doch der Wirtschaftskrieg hat den Wert der Organisation für Russland auf null reduziert. Der UNO-Sicherheitsrat ist noch aktiv, aber was einst einem Theater glich, ist jetzt ein Schlachtfeld.«

Der Philosophieprofessor Konrad Paul Liessmann meint in einem Interview mit der *Kronen Zeitung*: »Ich habe schon den Eindruck, dass unsere Vorstellungen einer Lebens- und Zukunftsperspektive derzeit erschüttert sind ... Wir sind auf dem harten Boden der Realität im Kampf um Macht und Ressourcen angekommen, der vieles außer Kraft zu setzen scheint ... Wir erleben tatsächlich einen gewaltigen Rückschritt ... Ich habe den Eindruck, dass wir unser Fortschrittsdenken relativieren müssen. Die Gefahr einer Eskalation, in die man hineingezogen wird, ohne es zu wollen, ist leider zweifellos gegeben. Wie damals im Ersten Weltkrieg. Den wollte auch keiner. So etwas geht sehr schnell.«

WENDEZEITEN SIND NICHT NEU

Die Welt ist kompliziert geworden. Das charakterisiert Wendezeiten zu allen Zeiten. Was wir heute an Globalisierung erleben, hatte ihren letzten großen Vorläufer im 15. Jahrhundert, als die Entdeckung Amerikas durch Columbus den Aufbruch in ein neues Zeitalter einläutete. Die Umwälzungen von damals weisen erstaunliche Parallelen zu heute auf. So schufen die Erfindung und Vermarktung des Buchdrucks mit Bleilettern durch Johannes Gutenberg eine Explosion der Kommunikation wie die Erfindung des Internets Ende des 20. Jahrhunderts. Ohne den Buchdruck wäre die rasche Verbreitung von Martin Luthers Kirchenreform nicht möglich gewesen.

Die Kommunikationsrevolution in der gegenwärtigen zweiten Globalisierung war in den Autogaragen des Silicon Valley geboren worden und ging am 1. April 1976 mit der Gründung der Firma Apple an den Start. Heute findet in den (a-)sozialen Netzwerken und den elektronischen Medien zwar auch eine Informationsexplosion statt, aber in der Art eines Nachrichtenvandalismus, der Informiertheit nur vorgaukelt. Von Aldous Huxley stammt das Zitat: »We all are overnewsed but underinformed« (Wir sind mit Nachrichten überschwemmt, aber zu wenig informiert).

Der Chef von Microsoft, also ein Topinsider, Brad Smith geht sogar noch weiter: Das Internet und die (a-)sozialen Netzwerke seien zu einer »Waffe« geworden, zu »machtvollen Maschinen der Desinformation und Fake News«. Der Rückzug in die Echokammern dieser Hassmaschinen lässt den öffentlichen Diskurs erlahmen und macht die Demokratie blutleer.

Auch Coronaleugner und QAnon-Apostel hatten schon zur Mitte des Jahrtausends ihre Vorfahren, die leugneten, dass die Erde rund ist und sich um die Sonne dreht. Die Glaubensspaltung des 16. Jahrhunderts, dieser Zusammenbruch der religiösen Eintracht unter dem Himmel, führte zu Exzessen der Verwirrung und zu Gegenreaktionen. Der Hexenwahn hatte seinen Höhepunkt nicht in dem als finster gescholtenen Mittelalter, sondern im Anbruch der Neuzeit mit ihren ersten Erkenntnissen der abendländischen Wissenschaft. Die Leugnung wissenschaftlicher Erkenntnisse kam in unserem Jahrhundert während der Coronapandemie in den Demonstrationen gegen die Impfung neuerlich zum Ausdruck.

Im Jahr 1556 trat ein Kaiser, Karl V., zurück, weil er die neue Zeit nicht mehr zu bewältigen vermochte. Das war ein ungeheuerlicher Vorgang und die Menschen glaubten, der Himmel stürze ein. 2013 trat ein Papst, Benedikt XVI., zurück, weil er die neue Zeit nicht mehr zu bewältigen vermochte. Das Echo war verhalten.

Die »erste Wendezeit« um 1500 brachte Gewalt und Kriege in einem Ausmaß in die Welt, wie man es vorher lange nicht gekannt hatte. In Europa und Amerika wurde das Töten systematisiert und mechanisiert. Der Dreißigjährige Krieg (1618 – 1648) verwandelte Europa schließlich in ein einziges Schlachtfeld. Etwa 150 Jahre lang war seit dem Anbruch der neuen Zeit um eine neue Ordnung gerungen worden. Ins Lot kam die Welt erst wieder 1648 mit dem Westfälischen Frieden, der mehr oder weniger bis zur nächsten Zeitenwende hielt: der Französischen Revolution und Napoleon (1789 – 1815).

Zugegeben: 150 Jahre Weltunordnung sind eine lange Zeit und wir stehen heute erst am An-

fang der neuen Unordnung. Niemand mag vorhersehen, wann und wie die Welt wieder zu Stabilität finden wird und was zwischendurch noch
bevorsteht. Deshalb gilt es, Gefahrenquellen zu
analysieren, um sie eindämmen zu können.

WIE DIE WELTORDNUNG VERLOREN GING

Selten hat ein Politikwissenschaftler für einen ausgewachsenen Flop derartige Berühmtheit erlangt wie der US-Professor Francis Fukuyama für seine These vom »Ende der Geschichte«, die er 1989 unter dem Eindruck des Zusammenbruchs der Sowjetunion verfasst hatte. In dem Erfolg dieser These kam offenbar der allgemeine Wunsch zum Ausdruck, vom Albtraum des Kalten Krieges und des atomaren »Gleichgewichts des Schreckens« befreit worden zu sein. Fukuyama vertrat die Überzeugung, dass sich die liberale Demokratie – und damit ihre Führungsmacht USA – endgültig als Ordnungsmodell durchgesetzt habe. Mit ihrem Sieg, so der Autor, ende der Kampf um ihre Geltung und es entfalle damit der Antriebsmotor der Geschichte.

Welch ein Irrtum! Die Geschichte endet nie. Sie dreht immer neue Runden. Sie hat mit dem Zusammenbruch der Sowjetunion erst richtig begonnen. Die liberale Demokratie ist nicht, worauf alles hinausläuft. Die autoritäre Versuchung bleibt eine ewige Gefahr. Spätestens mit 9/11, dem Terroranschlag auf die New Yorker Zwillingstürme und das US-Verteidigungsministerium 2001, nahm sie einen neuen Anlauf.

Mit diesem »Geburtstrauma des 21. Jahrhunderts« wurde das Jahrzehnt der US-amerikanischen Monopolweltmacht vom islamistischen Absolutheitsanspruch herausgefordert und beendet. Die Antwort darauf erfolgte von den USA nach dem typischen historischen Muster einer gekränkten Hypermacht, die die Grenzen ihrer Möglichkeiten aus den Augen verloren hat: Der selbst ernannte Weltpolizist brachte mit einer Serie von Kriegen massive Unordnung in die Welt. Diese ermunterte neue Herausforderer.

Die Geschichte ist ergebnisoffen und Professor Fukuyama ist seither viel beschäftigt, angebliche Missverständnisse über seine These zu korrigieren. Er räumt ein, dass insbesondere die Modernisierung in China ohne Demokratie eine Herausforderung für seine These darstelle und die moderne Demokratie überhaupt ein grundsätzliches Problem habe: Sie stifte zwar wirtschaftlichen Erfolg, aber wenig Identitätsgefühl. (Putins Krieg hat es in Russland wieder zurückgebracht.) In der deut-

schen Wochenzeitung *Die Zeit* erläutert Fukuyama, dass Religionen oder die ethnische Zusam-
mengehörigkeit viel stärker Identität bieten, die
den Menschen ein tiefes Bedürfnis ist. Er erkennt
sehr wohl das wachsende Unbehagen in und mit
der Demokratie, etwa durch die zunehmende Un-
gleichheit in der Verteilung von Wohlstand.

Analysen dieser Art münden unweigerlich in
Globalisierungskritik. Fukuyama antwortet in
einer USA-Reportage des deutschen TV-Journalis-
ten Markus Lanz: »Die Globalisierung hat große
soziale Ungleichheiten geschaffen, leider keinen
allgemeinen Wohlstand. Das führt dazu, dass sich
die Menschen zunehmend abgehängt fühlen und
radikalisieren. Diese Ausgrenzung hat die frühere Klassenzugehörigkeit als Quelle für Konflikt
ersetzt. Die Frage der Identität ist heute viel wichtiger, wenn es um weltanschauliche Fragen und
die Spaltung der Gesellschaft geht.« Fukuyama
räumt auch ein, dass vor allem der radikale Islam
einen weitaus größeren Widerpart zur westlichen
Welt darstellt, als er in seiner These angenom-
men hatte.

Erfordern diese Probleme die Suche nach
einem neuen politischen System? Fukuyama:

»Wir haben alle herkömmlichen Formen politischer und gesellschaftlicher Organisationen bereits ausprobiert: Kommunismus, Sozialismus, Faschismus, Theokratien. Wir haben so gut wie alle Möglichkeiten ausgeschöpft. Ich sehe keine alternativen politischen Systeme, die der Lösung aller Probleme auch nur nahekommen. China als einzig neue Staatsform erscheint nur auf den ersten Blick geeignet zu sein: eine Diktatur, die vorgibt, das Gemeinwohl der Menschen im Sinn zu haben. Ich glaube nicht, dass diese Staatsform auf andere Länder übertragbar ist. Diejenigen, die es versucht haben, enden in Nordkorea.«

Also doch Demokratie à la USA? Fukuyama: »Die USA sind für mich momentan nicht gerade die Vorzeigenation der Demokratie. Wir waren einmal ein Vorbild für viele Menschen weltweit. So sollte es auch wieder werden. Aber im Augenblick bin ich froh, wenn wir hier weitere Verfallserscheinungen verhindern können.«

Die große Gegenthese zu Fukuyama schrieb schon 1996 Samuel P. Huntington in dem ebenso berühmt gewordenen und viel kritisierten Buch *The Clash of Civilizations* (Zusammenprall der Zivilisationen, Kampf der Kulturen) über *Die*

Neugestaltung der Weltpolitik im 21. Jahrhundert, so der Untertitel. Darin behauptet Huntington, dass das 21. Jahrhundert von Konflikten zwischen den Kulturräumen, insbesondere der westlichen Zivilisation und dem chinesischen und dem islamischen Kulturraum, geprägt sein könnte. Es sei ein Irrtum, Modernisierung mit Verwestlichung gleichzusetzen, meint Huntington. Die westlichen Werte würden in anderen Kulturkreisen nicht als universelle Werte anerkannt: »Der Westen eroberte die Welt nicht durch die Überlegenheit seiner Ideen oder Werte oder Religion, sondern vielmehr durch die Überlegenheit bei der Anwendung von organisierter Gewalt. Dies würden Westler oftmals vergessen, Nichtwestler nie.« Die westliche liberale Demokratie sei also kein stabiler Endzustand, sondern weiche wieder den viel älteren Konflikten der Zivilisationen.

Zweifel an der Gesetzmäßigkeit von Fortschritt, das Ringen zwischen Gefühlen und Verstand – wer gewinnt? Neue Mauern und Zäune wie in früheren Zeiten werden hochgezogen, die Sicherheit vermitteln sollen.

DIE GROSSE SYSTEM-VERDROSSENHEIT

Das Vertrauen in die Handlungsfähigkeit von Regierungen hat in der Coronapandemie einen schweren Rückschlag erfahren. Querdenker schufen sich öffentliche Aufmerksamkeit und sie stellen die Systemfrage. Die Sehnsucht nach autoritären Maßnahmen durch einen »starken Mann«, der den Stillstand durchbricht, paart sich mit Anarchismus, wie der Angriff auf die US-Demokratie durch Präsident Trump und der Sturm auf das Kapitol am 6. Jänner 2021 zeigten.

Der Staatsstreichversuch des abgewählten Präsidenten durch eine Ungültigmachung der Wahl und die Aufhetzung seiner Anhänger zum Sturm auf das Parlament sind das große Trauma der USA geworden. Der 6. Jänner 2021 gilt als Zäsur in der Geschichte des Landes, wie der Ausbruch des Bürgerkriegs im Jahr 1860. Es waren dramatische Stunden für die Demokratie und sie zeigten, wie zerbrechlich auch in den USA das demokratische System sein kann. Es stellt sich auch die Frage, wie viel Schuld die (a-)sozialen Medien als

Brandbeschleuniger tragen. Facebook weist jede Verantwortung von sich. Von Selbstkritik keine Spur. Lisa Kaplan, die mit ihrer Firma Alethea Group Falschinformationen im Netz bekämpft, urteilt über Facebook: »Bei unseren Recherchen zu paramilitärischen Gruppen haben wir festgestellt, dass der Facebook-Algorithmus automatisch andere militante Bewegungen empfiehlt.«

Der »Tag der Schande«, wie der 6. Jänner 2021 genannt wird, hat das Selbstverständnis der USA, zumindest bei dem verantwortlichen Teil der Bevölkerung, erheblich angekratzt und ihr Bild nach außen beschädigt. Ein US-Präsident persönlich, Donald Trump, war vier Jahre lang der Superspreader von Fake News bei der Radikalisierung der Massen gewesen. Die Wunden, die er im Gedächtnis der Nation hinterließ, sind bis heute nicht verheilt, zumal die Gefahr nicht gebannt ist, dass 2024 Trump selbst neuerlich oder ein trumpoider Kandidat ins Weiße Haus einzieht. Die Republikanische Partei hat sich bis heute nicht von Trump losgesagt.

Ein besonderes Angriffsobjekt der Querdenker ist die Wissenschaft. Bei einer solchen Wissenschaftsfeindlichkeit muss man sich schon die

Frage stellen, ob wir das geeignete Schul- und Bildungssystem haben und was in diesem alles versäumt worden ist. Die Wissenschaften sind zwar zuweilen nur noch für Experten verständlich, doch die Flucht in verschrobene Mythen gleicht einem Selbstbetrug. Der Kulturjournalist Jochen Rack bringt es auf den Punkt. Er fordert in seinem Essay *Der Eigensinn des Nonkonformisten* eine »neue Aufklärung«: »Wissenschaftsfeindlichkeit bedroht unser Gemeinwesen ... Die Welt war immer schon Furcht einflößend und schwer zu begreifen. Um ihre Angst vor der Natur zu bannen, erschufen die Menschen Mythen, die Ordnung in das Chaos bringen und Lebenssicherheit stiften sollten. Mythen schufen Sinn für jedermann, die modernen Wissenschaften sind jedoch oft nur Experten verständlich. Das führt zur Frage ihrer Legitimation ... Je größer der wissenschaftliche Fortschritt, desto notwendiger das Vertrauen in die Experten. Desto größer aber auch das Misstrauen gegenüber den Fachleuten und die Neigung, deren Erkenntnisse anzuzweifeln und sich auf scheinbar einfache lebensweltliche Wahrheiten zurückzuziehen ... Wer Mythen zerstört, macht sich keine Freunde. Auf die Zumutungen der Wissenschaft reagieren nicht wenige mit Wut. So geht das Gespenst der alternativen Fakten um, die Grenzen zwischen Fake News und realen Tatsachen verwischen.«

Über die Ursachen der großen Systemverdrossenheit kann es viele Meinungen geben, aber zentral scheint doch der große Mangel an Vertrauen in Institutionen. Ohne ein Mindestmaß an Vertrauen kann keine Gesellschaft funktionieren. Das Wiederherstellen des verloren gegangenen »Gesellschaftsvertrags« muss ein Grundanliegen jeder Führung sein. Das gilt besonders bei der Überwindung der großen Einkommenskluft, die als Brandbeschleuniger wirkt. Der Glaube an den ständigen Aufstieg ohne Ende in Erinnerung an Ludwig Erhards *Wohlstand für Alle* durch eine soziale Marktwirtschaft ist jedenfalls ebenso verloren gegangen wie die Chancengleichheit in der Gesellschaft.

Die digitale Revolution vernichtet alte Jobs, die Angst vor Altersarmut geht um und wir haben in Europa die erste Generation, die Sorge haben muss, dass die nachfolgende Generation nicht mehr das Wohlstandsniveau der alten erreichen wird. Seit den Tagen der Babyboomer-

Nachkriegsgeneration sind die letzten Jahrzehnte schwieriger geworden und seit 1990 gehört durch den ungezügelten Finanzkapitalismus das inoffizielle Aufstiegsversprechen überhaupt der Vergangenheit an. Heute heißt es in den USA, die Jugend müsse »running to stand still« – rennen, um überhaupt die Position in der Gesellschaft halten zu können. Oder wie die Autorin Ronja Ebeling von *Eine Generation in der Krise* die Zukunftssorgen der Jungen zum Ausdruck bringt: »Es ist das bedrückende Lebensgefühl, das Leben steht auf der Pausentaste und wir kommen nicht mehr zum Normalzustand zurück.«

Wie kann man eine Chancengleichheit wiederherstellen? Der Ökonom Thomas Piketty schlägt vor, jedem und jeder bei Erreichen der Volljährigkeit ein steuerfinanziertes Startkapital zur Verfügung zu stellen. Der frühere Präsident der Deutschen Gesellschaft für Philosophie, Michael Quante, empfiehlt in seinem Essay *Sinn und Selbstwert des arbeitenden Menschen* als Antwort: »Wir müssen die Ungleichheiten da, wo sie rechtfertigbar sind, so organisieren, dass jeder die Teilhabechance hat, sich in seiner Tätigkeit als sinnhaftes und auch sozial benötigtes Wesen zu erleben.« Als beispielhaften Ausdruck von Fremdbestimmtheit ortet er in der Coronapandemie die »Fließbandisierung« der sozialen Berufe: »Wer Pflege auf Versorgung reduziert, Bildung zu Ausbildung und Medizin zu Fließbandreparatur, wird der Sinnhaftigkeit von Arbeit nicht gerecht.«

Arbeit schafft Mehrwert und der Kuchen, den die Gesellschaft zu verteilen hat, ist auch größer geworden, aber nicht für alle. Die Annahme der Neoliberalen, dass Wohlstand automatisch nach unten durchsickert, hat sich als unrichtig erwiesen. Die neoliberale Politik hatte ihre Lenkungsinstrumente aus der Hand gegeben, getreu dem Spruch »Politik ist jener Raum, den die Wirtschaft ihr lässt«.

Auf all diese Herausforderungen müsste die Gesellschaft eigentlich von ihrer politischen Klasse vorbereitet und begleitet werden. Wird sie aber nicht. »Gesucht werden bessere Politiker für unsere Zeit«, schreibt Burkhard Bischof in der Tageszeitung *Die Presse*. Das Vertrauen der Bevölkerung in die Handlungsfähigkeit der Regierung sei verloren. Der Autor: »Handlungsfähigkeit einer Regierung ist die eine Seite, Führungskompetenz die andere. Um politische Persönlichkeiten bilden sich Institutionen, denen sie vorstehen. Deshalb richtet sich der Unmut gegen die Regierung vor allem auch gegen die Regierenden. Hier ist gerade in Europa die öffentliche Klage laut geworden, wie schlecht und inkompetent das Führungspersonal auf nationaler wie auf europäischer Ebene derzeit ist. Tatsächlich geht es weit über Nostalgie hinaus, wenn man heute an die Gespanne Charles De Gaulle/Adenauer, Helmut Schmidt/Valéry d'Estaing, François Mitterrand/Helmut Kohl oder an die Eiserne Lady Margaret Thatcher erinnert.«

DEMOKRATIE IN BEDRÄNGNIS

Die Demokratie steht heute unter doppeltem Druck: von autoritären Mächten, deren Zahl steigt, und von innerem Verfall. Autoritäre Systeme halten das demokratische System für schwach, andererseits fühlen sie sich aber von diesem System bedroht. Putins Krieg gegen die Ukraine ist auch – oder vielleicht ausschlaggebend – von dieser angeblichen Bedrohung für sein Regime geleitet.

Die Wurzel liegt im »Euromajdan« 2014, dem Aufstand am Hauptplatz von Kiew gegen den ukrainischen Präsidenten Janukowytsch. Die Kremlführung nennt diese Demokratierevolution einen von außen, also von der NATO, organisierten Umsturz. Die Ukrainer nennen den Aufstand »Revolution der Würde«.

Präsident Janukowytsch war eigentlich nicht gestürzt worden, sondern noch während der Auseinandersetzungen am Majdan-Platz nach Russland davongerannt. Sein eigenes politisches Versagen hat die folgende ukrainische Tragödie ausgelöst: Annexion der Krim, Abspaltung der Ostukraine, Krieg 2022. Die ukrainische Demokratie, so fehlerbehaftet sie auch sein mag, war seit 2014 der Stachel im Fleisch des Putin-Regimes, eine Systemkonkurrenz, die auch in Russland Schule machen könnte. Der Kremlchef entwickelte einen zwanghaften Hass gegen die Führung in Kiew, die sich EU-Europa und der NATO zuwendete. Die Entscheidung, sich diese Konkurrenz vom Hals zu schaffen, fiel vermutlich schon in diesem Jahr 2014.

Ähnliche »bunte Revolutionen« (Zitat von Putin wegen der Farben ihrer Banner) ereigneten sich in den kaukasischen Ex-Sowjetrepubliken Georgien und Armenien. Auch sie blieben nicht ohne militärische Interventionen aus Russland. Daneben wird auch wirtschaftlicher Druck eingesetzt, um demokratische Ansätze nicht hochkommen zu lassen. Solange der Koloss Russland autoritär regiert wird, werden sich die Länder des »nahen Auslands« (Zitat Putin) der Demokratie nicht sicher sein können. In Kasachstan wurde die russische Armee zu Hilfe gerufen und Putin versicherte dem Regime öffentlichkeitswirksam, jegliche neue »bunte Revolution«, die der Kreml ja mit der NATO in Verbindung bringt, würde nicht mehr zugelassen werden.

Auch die andere autoritäre Großmacht, China, fürchtet die demokratische Herausforderung. Diese »Demokratiegefahr« wird von der kleinen Insel Taiwan aus geortet, die Peking noch dazu als eine abtrünnige Provinz betrachtet. Im Unterschied zu anderen autoritären Ideologien strebt die Führung in Peking keine Ausbreitung des speziell chinesischen Systems an, dessen Wurzeln im Konfuzianismus liegen. China setzt auf seine jahrtausendealte Methode der Ausbreitung: auf eine zivilisatorische Hegemonie, die sich in heutiger Form in Hightech- und Infrastrukturüberlegenheit darstellt. China beweist und widerlegt die westliche Ansicht, dass wirtschaftlicher Erfolg ohne Demokratie nicht möglich ist.

Und was macht die älteste Demokratie der Welt, die USA? Sie hat tatsächlich schwere Alterungserscheinungen, die sich unter anderem in einer inneren politischen Blockade widerspiegeln. Kritiker nennen die schon vor der Ära Trump nur noch schwer überwindbare Spaltung zwischen den beiden Lagern der Republikaner und Demokraten Formen eines »Tribalismus«

(Stammeskriege). In beiden Lagern hat sich die Gruppenidentität verfestigt. Die US-Verfassung ist jedoch auf Kompromiss ausgelegt, auf das Feilschen in Washington, ohne das sie nicht funktionieren kann.

Der US-Publizist Ezra Klein analysiert in seinem Buch *Der tiefe Graben*: »Ein tiefer Graben spaltet die Gesellschaft der USA. Demokraten und Republikaner stehen sich unversöhnlich wie nie zuvor gegenüber. Das Ringen der Parteien ist zu einem erbitterten Kampf geworden, an dem sogar Familien zerbrechen … All dies trägt sich in einer Zeit tiefgreifenden, mächtigen sozialen Wandels zu. Eine Mehrheit der heute Geborenen ist nicht weiß. Gruppen, die an Macht gewinnen, wollen aber ihre Bedürfnisse in der Politik und Kultur widerspiegelt sehen; Gruppen, die deren Macht spüren, wollen ihren Status und ihre Privilegien wahren. Und dieser Konflikt sortiert sich fein säuberlich in zwei Parteien. Obamas Präsidentschaft war ein Beispiel für die Machtübernahme durch eine jüngere, vielfältigere Koalition; Trumps Präsidentschaft repräsentierte die ältere, weiße Koalition, die sie sich wieder zurückholte.«

Ärger noch: Seit Trumps Rechtspopulismus wird in den Bundesstaaten versucht, das Wahlrecht zu manipulieren, das Wählen zu erschweren, Wähler auszugrenzen. Ezra Klein befürchtet eine Radikalisierung und zeichnet einen Teufelskreis in der US-Politik: »Die Institutionen, auch Medien, polarisieren sich, um für eine zunehmend polarisierte Öffentlichkeit attraktiv zu sein, was wiederum die Öffentlichkeit weiter polarisiert, was wiederum die Institutionen zwingt, sich weiter zu polarisieren, und so fort.«

Schon vor der Ära Trump, 2012, erschien in dem ahnungsvollen Buch mit dem Titel *It's Even Worse Than It Looks* (Es ist noch viel schlimmer, als es aussieht) von den Koautoren Mann und Ornstein eine gnadenlose Abrechnung über den Zustand der Politik in den USA: »Die Republikanische Partei ist ein Haufen aufrührerischer Außenseiter. Sie ist ideologisch extrem geworden; sie verachtet die traditionellen Abläufe in Gesellschaft und Politik, sie verachtet den Kompromiss; sie zeigt sich unbeeinflusst von dem konventionellen Verständnis für Fakten, Beweise und wissenschaftliche Erkenntnisse; sie spricht ihrem politischen Gegner die Legitimation ab und scheint der Regierung den Krieg erklärt zu haben. Die Demokratische Partei gibt zwar auch kein Musterbeispiel von bürgerlicher Tugend ab, ist aber weniger anfällig für die Parole ›Es werden keine Gefangenen gemacht‹.« Wenige Jahre später tauchte Trump auf wie ein Golem, den Manns und Ornsteins Worte heraufbeschworen hatten, ergänzt Ezra Klein.

Ein besonderes Politphänomen ist der Aufstieg des heute sehr erfolgreichen TV-Senders Fox News, den Kritiker als die Fortsetzung des Reichs-Rundfunks von Hitlers Lügenminister Joseph Goebbels bezeichnen und dem sie »konservative Paranoia« unterstellen. Denn die großen Networks waren bisher immer in der linken Mitte angesiedelt und streng faktenorientiert gewesen. Trumps professionell verdammt gut gemachter Lieblingssender Fox News aus dem Hause Rupert Murdoch huldigt hingegen den sogenannten »alternativen Fakten«.

Robert Kagan, ein prominenter neokonservativer Vordenker, prophezeite in der *Washington Post*: »Die USA steuern auf die größte politische und konstitutionelle Krise seit dem Bürgerkrieg zu, mit einer realistischen Chance, dass es zu Ereignissen von Massengewalt, zum Zusammenbruch der bundesstaatlichen Autorität und zur Spaltung des Landes in sich gegenseitig bekriegende republikanische und demokratische Enklaven kommt.« Dieses Szenario werde dann eintreten, wenn Donald Trump 2024 wieder als Präsident kandidiert und er und die Republikaner zu jedem möglichen Mittel greifen, um seinen Wahlsieg sicherzustellen.

Nicht nur in den USA ist das Prinzip Demokratie in die Defensive geraten, auch an anderen Orten des klassischen freiheitlichen Systems. Es leidet an sinnstiftender Erschöpfung und Auszehrung des politischen Personals. Das Vertrauen in die Handlungsfähigkeit und Ehrlichkeit der Regierenden erreicht Tiefpunkte. Siebzig Jahre Wahlkampflügen haben ihre Spuren hinterlassen. Die Programmparteien alten Musters mussten Führerparteien Platz machen. Immer mehr Demokratien schlittern in Grautöne, in nur noch formale Demokratien, in denen zwar formal, aber nicht mehr fair gewählt wird und die Demokratie nicht mehr voll gelebt wird, wie Ungarn oder die Türkei. Die »offene Gesellschaft« verkommt zum Tummelplatz der Populisten. Der Chef der jährlichen hochkarätigen »Münchner Sicherheitskonferenz«, Wolfgang Ischinger, äußert sich besorgt: »Der Trend zum Rückzug der Demokratie hält an. Demokratien fühlen sich zunehmend hilflos und überfordert.«

40 JAHRE ORBÁN? WIE SEIN SYSTEM FUNKTIONIERT

Warum ist im modernen Europa der liberalen Demokratien ausgerechnet in Ungarn die Sonderform einer »illiberalen Demokratie« (so ihr Erfinder Viktor Orbán) mehrheitsfähig geworden? Liegt es nur daran, dass Orbán ein begnadeter Demagoge und Manipulator ist, der die Menschen mit Nationalkonservatismus chloroformiert hat? Warum lassen sich die Ungarn dieses enorme Ausmaß von Korruption einer neuen politischen Klasse gefallen? Das hängt wohl auch mit Urängsten des Volkes der Magyaren zusammen, das sich vor Tausenden Jahren aus Asien kommend in der ungarischen Tiefebene niedergelassen hat, voll von Einsamkeitsgefühlen und in der ständigen Furcht, »in Europa aufzugehen wie Zucker in Kaffee«, wie es einmal ein Ungar formuliert hat.

Um diese Urängste hochkochen zu lassen, bedarf es auch noch eines anderen Faktors und der heißt Viktor Orbán. Seine Strategie ist ganz und gar nicht nationalromantisch, sondern eine Mischung aus Machtanmaßung und Zynismus. Während seiner ersten Amtszeit, die er wie die fortfolgenden mit einer Zweidrittelmehrheit an Mandaten gewonnen hatte, führte ich mit ihm ein Interview und wollte wissen, weshalb er so rasch so viele Gesetze mit dieser Verfassungsmehrheit durch das Parlament peitsche. Orbán antwortete übermütig: »Damit will ich die nächsten zehn Regierungen binden.« Diese Aussage schlug in Ungarn wie eine Bombe ein und es wurde kommentiert, dass Orbán vierzig Jahre im Amt bleiben möchte. Heute kann man sagen, Orbán hielt Wort. Nach der jüngsten Wahl trat er seine fünfte Amtszeit an – mit Zweidrittelmehrheit.

Wie ist dieses »Wahlwunder« mit den Zweidrittelmehrheiten in Serie überhaupt möglich? Es sind »nur« zwei Drittel an Mandaten, während die Stimmenzahl mal knapp unter, mal knapp über fünfzig Prozent liegt. Ganz einfach: Orbán konnte sich ungehindert ein besonderes Wahlsystem zimmern. Es reicht von absurd verformten Wahlkreisen, im Fachjargon »Gerrymandering«, über eine Direktwahl der Kandidaten in fünfzig Prozent der Wahlkreise – ländliche Wahlkreise in der Überzahl – bis zur massiven Behinderung der Opposition im Wahlkampf. TV-Debatten der Spitzenkandidaten oder eine »Elefantenrunde« sind geradezu undenkbar.

Apropos Medien: Der öffentliche Rundfunk ist ein hemmungsloser Regierungsrundfunk und die großen Printmedien sind in der Hand von Orbán-Oligarchen und anderen Strohmännern. Journalisten, die nicht spuren, fliegen und können auch in anderen Jobs kaum mehr unterkommen.

Orbán könnte sogar Wahlen verlieren, ohne dass sich an seinem System etwas ändert. Die »neue Klasse« sitzt an allen Schaltstellen. Orbán hat einen Parallelstaat geschaffen und Staatsbesitz und Staatsgelder in »Stiftungen« verschoben, damit keine andere Regierung jemals wirkliche Macht ausüben kann. Hochschulen, Kliniken, Museen, Schlösser, staatliche Firmen in Milliardenwerten sind ausgelagert worden. An der Spitze dieser Pseudoprivatisierung stehen von der Regierung auf unbefristete Zeit ernannte Kuratoren. Sie sind nur mit Verfassungsmehrheit absetzbar und die Stiftungsräte erneuern ihre Reihen selbst. Orbán und Fidesz for ever!

REICHSTER STROHMANN
DER WELT

Wer in dem ungarischen 1.700-Einwohner-Nest Felcsút heutzutage bei Lőrinc Mészáros anläutet, wird kein Glück haben. Der Inhaber des kleinen Gasinstallationsbetriebs ist längst zu einem Immobilienmagnaten aufgestiegen. Er wohnt, ja residiert heute im Oligarchenstil im weiten Bereich seines Geschäftsimperiums: Hotels, Ferienresorts, darunter jenes umstrittene am Neusiedler See, Banken, Baufirmen, die am AKW Paks II und an der »chinesischen« Hochgeschwindigkeitsstrecke zwischen Belgrad und Budapest mitbauen, Rundfunk, Zeitungen, TV und vieles mehr.

Was ist das Erfolgsgeheimnis dieses wundersamen Aufstiegs zum laut 2019 mit zwei Milliarden Dollar reichsten Mann Ungarns (vom vormals 336. Platz)? Lőrinc Mészáros plaudert es offen aus: »Meine Karriere hat drei Gründe — Gott, Glück und Viktor Orbán.« Wie schaffte der Gasinstallateur den Aufstieg zu Ungarns Medienzaren? Der Mann aus der tiefen ungarischen Provinz beliebt, zu scherzen: »Vielleicht bin ich smarter als Zuckerberg?«

Scherz beiseite: Lőrinc Mészáros ist nicht nur Viktor Orbáns Schulfreund, er ist in dem Mafiasystem auch sein Strohmann — und natürlich auch zeitweilig Bürgermeister von Felcsút, wo sie beide aufgewachsen sind. Diese Freundschaft im Windschatten Orbáns zahlt sich aus. Heute ist Felcsút pro Kopf die reichste Gemeinde Ungarns und mit einem Fußballstadion für 3.000 Besucher geschmückt. Dort hat der Fußballnarr Orbán seine Ferenc-Puskás-Fußballakademie untergebracht.

Die machtlose Opposition spricht von »organisiertem Diebstahl«. Miklós Ligeti, der Direktor von Transparency International Hungary, bezeichnet dieses Stiftungsmodell als eine der schwerwiegendsten Maßnahmen der Orbán-Regierung: »Das Ganze ist eine geschickte, aber bösartige Idee, die sich in ihrer Dimension nur mit der kommunistischen Verstaatlichung vergleichen lässt.«

Die Wirtschaftsuniversität Corvinus wurde praktisch zur Parteiakademie der Regierungspartei Fidesz umfunktioniert und mit zehn Prozent der Aktien des Mineralölkonzerns MOL und des Pharmaunternehmens Gedeon Richter versorgt. Die von dem Großinvestor George Soros und dessen Open Society Foundations gegründete Central European University wurde aus Budapest hinausgeekelt (sie fand in Wien Aufnahme) und soll durch den Ableger einer chinesischen Universität ersetzt werden.

Viktor Orbán ist ein Kriegertyp, der immer einen Grund zum Kämpfen benötigt. Er und sein System sichern sich die Macht durch die Schaffung von Feindbildern und Sündenböcken: Mal ist es die EU, mal ist es der aus Ungarn stammende Großinvestor George Soros, Putin ist es nie. Der Clou ist, dass zum Beispiel in der mit EU-Geldern geförderten Budapester Metro Regierungsplakate gegen die EU hetzen. Das einzigartige System des »Viktators« Viktor Orbán hat eines (noch?) nicht: politische Gefangene.

Weltweit lebt nur noch knapp weniger als die Hälfte der Weltbevölkerung in demokratischen Verhältnissen, ein Drittel unter streng autoritären. Durch den Aufstieg Chinas gewinnen die Autokratien auch in der Weltwirtschaft zunehmend an Bedeutung.

Mit Ungarns Regierungschef Viktor Orbán
bei dessen Besuch in Wien 2011

»JALTA« – DIE MUTTER DER ALTEN ORDNUNG

Das Bild von der Teilung der Welt in zwei Lager durch die beiden Weltkriegssieger hat sich untrennbar mit der Konferenz von Jalta im Februar 1945 auf der Krim eingeprägt. Themen der Konferenz waren vor allem die Aufteilung der Besatzungszonen in Deutschland, die Machtverteilung in Europa nach dem bevorstehenden Kriegsende in Europa und die Fortsetzung des Krieges gegen Japan. Roosevelt und Churchill hatten zu dieser Zeit noch Sorgen über das Tempo der Niederringung Japans, sodass sie sich gegenüber Forderungen Stalins in Europa kompromissbereit zeigten.

Es ging dem Kremlchef vor allem darum, einen Sicherheitsring von Satellitenstaaten um die Sowjetunion zu bilden. Das hatte einen handfesten Grund, der im Westen viel zu wenig beachtet wird: Die Sowjetunion und das Deutsche Reich hatten ab September 1939 nach der Teilung Polens eine direkte Grenze. Beide Staaten waren durch den Nichtangriffspakt verbündet. Aus diesem Raum heraus erfolgte 1941 der militärische

Überfall, der für Stalin eine große Überraschung war, nachdem er Hinweise von Agenten ignoriert hatte. So etwas sollte ihm, so schwor sich Stalin, nie wieder passieren. Nach dem Krieg wurden die osteuropäischen Satellitenstaaten mit einer eiskalten Lügenpolitik sowjetisiert. Zwar hatte Stalin in puncto Kommunismus schon lange keinen ideologischen Missionierungseifer mehr, sondern es ging ihm vornehmlich darum, diese Länder als Pufferzone machtpolitisch in der Hand zu haben.

Obwohl schon im September 1945 Interpretationsdifferenzen über die Abkommen auftauchten, respektierten die vier Alliierten ihre Machtbereiche bis zum Zusammenbruch der Sowjetunion 1991. Das kam etwa 1961 während des Baus der Berliner Mauer zum Ausdruck, als die amerikanischen Panzer bis zum alliierten Kontrollpunkt Checkpoint Charlie an der Berliner Friedrichstraße auffuhren – aber keinen Zentimeter weiter. Das letzte Aufflackern alliierter Macht und Befugnisse stellte der »Zwei-plus-vier-Vertrag« (Bundesrepublik Deutschland, DDR, vier Alliierte) zur Besiegelung der Wiedervereinigung Deutschlands dar. Bis dahin hatte über all die Jahre für Europa die »Lagerdisziplin« zwischen Ost und West gegolten.

Die europäische Friedensordnung hatte aber noch einen anderen Anker: die Konferenz für Sicherheit und Zusammenarbeit in Europa (KSZE) im Sommer 1973 in Helsinki, aus der die Organisation für Sicherheit und Zusammenarbeit in Europa (OSZE/OSCE) hervorgegangen ist. Sie entstand auf Anregung von Moskau und sollte im Kalten Krieg helfen, blockübergreifend Spannungen abzubauen. Inoffiziell war es das Streben der Kremlführung, eine Garantie für die Beute von 1945 durch eine »Nichteinmischung in innere Angelegenheiten« zu bekommen. (Ein Kritiker lästerte damals, dass jeder Räuber bestrebt ist, sich die Beute legalisieren zu lassen.) Die NATO inklusive USA und Kanada willigte ein, forderte aber Zugeständnisse im humanitären Bereich. Nach zähen Verhandlungen entstand in der »Schlussakte von Helsinki« tatsächlich ein »Korb 3« mit Zugeständnissen bezüglich der Achtung der Menschenrechte und Grundfreiheiten.

An dieser 35-Mächte-Konferenz und an den Zugeständnissen an Moskau gab es im Westen viel Kritik. Bald jedoch zeigte sich, dass der »Korb 3« eine viel nachhaltigere Wirkung entfaltete als die sogenannten Zugeständnisse. Es bildeten sich im

Sowjetblock oppositionelle »Helsinki-Gruppen«, die unter Berufung auf »Korb 3« die Toleranzschwellen bis zum letzten Millimeter ausreizten. Das absolut folgenschwerste, ja welthistorische Ergebnis der Helsinki-Konferenz konnte ich im August 1980 als Zeitzeuge auf der Danziger Werft während der großen Streikbewegung miterleben.

Ich hatte damals als einziger westlicher Journalist von Streikführer Lech Wałęsa die »Aufenthaltsgenehmigung« in der Werft erhalten und pendelte per Flugzeug, dessen Einsatz ich nicht näher erläutern möchte, zwischen Danzig und Warschau, um nach Wien zu berichten. Die Hafenstadt war völlig abgeriegelt – bis auf dieses eine Flugzeug – und von allen Nachrichtenverbindungen abgeschottet. Während des Anflugs auf den Flughafen von Danzig (heute Lech Wałęsa Airport) konnte ich die Massen an Sicherheitskräften und Militär sehen, die für einen Sturm auf die Stadt und die Werft zusammengezogen waren. Es kam aber nie der Einsatzbefehl. Es kam auch nie zu einem sowjetischen Einmarsch wie 1956 in Budapest. Warum wohl? Die Bewahrung von »Helsinki« war dem Kreml wichtiger!

Treffen mit dem polnischen Streikführer und späteren
Staatspräsidenten Lech Wałęsa in Danzig 2005

DER ZUSAMMENBRUCH
DES SOWJETIMPERIUMS

Das Zögern der Sowjetführung beim Eingreifen
in Polen hat sich in ihrem Sinne als ein großer
Fehler erwiesen, denn dieser Erfolg des KSZE-
Abkommens von Helsinki entfaltete epochale
Wirkung. Polens Regierung knickte ein und er-
laubte im »Danziger Abkommen« mit Lech Wałęsa
die Bildung der »Solidarność«-Gewerkschaft, die
sich bald zu einer echten Partei entwickelte und
schließlich die ersten freien Wahlen im Ostblock
gewann. »Danzig« war der Anfang vom Ende der
Sowjetherrschaft in Osteuropa und fortfolgend
der Sowjetunion selbst. In diesem sich nie mehr
auftuenden »Mondfenster« der (fast) gewaltlosen
Umstürze im Osten purzelten Ende 1989 die kommunistischen Satellitenregime wie Kegelfiguren,
weil Michail Gorbatschow es zuließ.

Spektakulär war dabei nicht nur der Fall der
Berliner Mauer, sondern auch die »Samtene Revolution« in Prag, deren Augenzeuge ich mit un-
glaublichem Staunen wurde. In Erinnerung war
damals noch der sowjetische Panzereinmarsch

in Prag 1968, um das Regime des Reformkommunisten Alexander Dubček wegzufegen. Das Nachfolgeregime von Moskaus Gnaden unter KP-Chef Gustáv Husák galt als das finsterste in Europa und die Zustände unter diesem Regime waren wirklich kafkaesk. Wenn man den alten Kardinal Tomášek in seinem Palais am Hradschin besuchte, drehte er zuerst das Radio auf volle Lautstärke, da die Räume vollkommen »verwanzt« waren. Der oppositionelle Dramatiker und spätere Staatspräsident Václav Havel saß wegen »Rowdytums« wiederholt im Gefängnis und verdingte sich als Lastenträger oder der oppositionelle Journalist und spätere Außenminister Jiří Dienstbier verdiente sich seinen Lebensunterhalt als Heizer in einer Plattenbausiedlung. Die Vorgeschichte der »Samtenen Revolution« hatte in Ungarn begonnen, wo das kommunistische Regime ohne viel Aufheben zerbröselte und ab 2. Mai der Eiserne Vorhang abgerissen wurde. Am 9. November konnten die Tschechen und Slowaken dann den Fall der Berliner Mauer mitverfolgen. In Polen amtierte schon die nicht kommunistische Regierung des katholischen Aktivisten Tadeusz Mazowiecki. Am 17. November begannen in Prag die ersten Demonstrationen, die von der Polizei auf Befehl des Prager KP-Sekretärs Miloš Jakeš mit Knüppeleinsatz zerschlagen wurden. Am 21. November verkündete Jakeš noch, dass die Regierung kompromisslos am harten Kurs festhalten werde. Es dauerte aber nur noch drei Tage, dann feierten Hunderttausende auf dem Wenzelsplatz die triumphale Rückkehr von Alexander Dubček mit Václav Havel an seiner Seite. Doch erst am 10. Dezember räumte Präsident Gustáv Husák sein Amtszimmer am Hradschin. Währenddessen hatte der spätere Finanzminister, Regierungschef und Präsident Václav Klaus schon längst in den Sälen der Lucerna-Gaststätte in Prag (gebaut von Havels Vater) sein Regierungsprogramm (auf Englisch »What we want«) unter den Journalisten verteilt.

Die Tschechoslowakei war die letzte sowjetische Bastion unter den mitteleuropäischen Satellitenstaaten gewesen. Sie hatte eine relativ starke kommunistische Partei, die auch später noch lange wirkte. Warum gerade Prag? Das hat zwei Gründe: Erstens hatte die Enttäuschung über das »Münchner Abkommen« 1938, also die Auslieferung des Sudetenlands durch die West-

GUSTÁV HUSÁK SCHAUT HEINZ CONRADS

»Tarnen und Täuschen« ist das Gebot nicht nur für jeden Soldaten, sondern auch für jeden Reporter. Das Tarngewand für den politischen Reporter ist der Diplomatenanzug zum Eindringen in Regierungskanzleien.

Schauplatz Prag, Hradschin: Bundeskanzler Kreisky auf Tauwetterbesuch beim verknöcherten tschechoslowakischen Staats- und Parteichef Gustáv Husák. An der Seite des Bundeskanzlers folge ich diesem im Schloss hinauf bis zum Besprechungssalon (Kreisky: »Alles, was recht ist, aber jetzt müssen'S draußen bleiben«). Husáks Sekretär in der Annahme, ich sei Kreiskys Sekretär, führt mich währenddessen in Husáks Arbeitszimmer. Ich nehme an Husáks Schreibtisch Platz und drücke — vielleicht aus Langeweile — den Knopf von Husáks Radioapparat. Es ist Punkt zwölf und aus dem Radio ertönt die Kennmelodie vom Ö1-Mittags-journal. Der Apparat des KP-Chefs ist auf Ö1 eingestellt! Normal-Tschechen hätten so etwas damals lieber nicht tun sollen. Meinen staunenden Blick quittiert Husáks Sekretär: »Ja, der Herr Präsident informiert sich nur aus dem ORF. Am Wochenende, wenn er (zu Hause) in Bratislava ist, schaut er ORF-Fernsehen (das in Prag nicht zu empfangen war). Am liebsten schaut er Heinz Conrads.«

mächte an Hitler, nach dem Krieg die Sowjeti-
sierung begünstigt. Zweitens profilierte sich die
Kommunistische Partei der Tschechoslowakei
als die große Anti-Sudetendeutsche-Partei, die
mit der Sowjetunion im Rücken garantierte, dass
die vertriebenen/ausgesiedelten Sudetendeut-
schen nie mehr zurückkommen würden.

Da das Gustáv-Husák-Regime die Reformpoli-
tik des Kremlchefs Michail Gorbatschow durch
die Bank abgelehnt hatte, verlor Gorbatschow
auch keine Träne, als diese letzte Bastion der
Sowjetunion fiel. So war der kommunistische
Kremlchef durch das Schicksal zum Konkursver-
walter des Imperiums geworden. Er hatte retten
wollen, was noch zu retten war, aber doch nicht
mit (voller) Gewalt. Lieber wich er dem Unaus-
weichlichen. Deshalb bleibt er auch eine heraus-
ragende Persönlichkeit der Geschichte, wenn
man sieht, wer heute im Kreml sitzt.

Das aufregende Jahrzehnt der Moskauer Acht-
zigerjahre begann mit einer Serie von Kremlbe-
gräbnissen: Breschnew, Andropow, Tschernenko.
Alle starben sie weg, die Gralshüter von Lenins
Erbe. Wir Reporter nannten sie »Kremlmumien«.
Doch plötzlich: In einer Art von Befreiungsschlag

erkor das Politbüro, das höchste Organ der KP, den (im zarten Alter von fünfzig relativ) Jüngsten zum neuen Chef: einen gewissen, den Russen so gut wie unbekannten Michail Gorbatschow. Das Erste, was ihnen auffiel, war das Feuermal auf seiner Stirn, das zu dem Spaß Anlass gab, es rührte daher, dass die Alten im Politbüro immer auf seine Stirn tippten, wenn sie ihn zum Wodkaholen schickten. Da er Antialkoholiker war, hieß der neue Generalsekretär bald »Mineralsekretär«. Gorbatschows Reformbemühungen glichen bald dem Kampf gegen Windmühlen. Er wollte retten, was von Lenins Staat noch zu retten war, aber es gab nichts mehr zu retten.

Putsch gegen Gorbatschow

Am 19. August 1991 hielt die Welt den Atem an: Altkommunistische Verschwörer im Kreml wollten Gorbatschow wegputschen, um die Reformen zu stoppen, ja rückgängig zu machen. Würden sie auch nach Europa zurückmarschieren, um das Sowjetimperium zu retten? Panzer rollten in Moskau ein, Gorbatschow wurde

GRIESSBREI FÜR DEN KREMLCHEF

Der Glitzerschein der Machtkulissen ist trügerisch. Dahinter geht es zuweilen ziemlich banal, ja geradezu menschlich zu. Schauplatz: Kremlbankett für den österreichischen Bundespräsidenten. Die Tische biegen sich. Der Gastgeber aber, Kremlchef Leonid Breschnew, hat davon überhaupt nichts. Dem alten Herrn nähert sich ein zwei Meter großer KGB-Hüne, knallt ihm einen Napf vor die Nase und drückt ihm forsch einen Löffel in die Hand. Den Rest des Abends futtert der zweitmächtigste Mann der Welt Grießbrei aus seinem Napf.

Apropos kranker Breschnew: Von dem Gipfeltreffen mit US-Präsident Jimmy Carter in Wien ist die Szene mit dem Bruderkuss in lebhafter Erinnerung. Große Sorge bereitete den Organisatoren damals, wie der Kremlchef in den Redoutensaal der Hofburg hinaufkommen sollte. Da hatte ein Hofrat die rettende Idee: Für die damaligen Bauarbeiten in der Hofburg gab es einen kleinen Lastenaufzug. So blieb dem Kremlchef das Stiegensteigen erspart, obwohl er auch im Lastenaufzug heftig nach Luft rang.

in seinem (luxuriösen) Ferienort auf der Krim unter Hausarrest gestellt (»... kann krankheitsbedingt sein Amt nicht ausüben«). Die Reformen schienen verloren, die Erneuerung der erstarrten kommunistischen Supermacht durch »Glasnost« (Offenheit) und »Perestrojka« (Umgestaltung) schien brutal gestoppt. Aber die Sowjetunion war doch nicht mehr die alte. Hunderttausende Bürger gingen in Moskau und Leningrad (heute Sankt Petersburg) auf die Straße. Sie standen für ihre neue Freiheit ein. In den Panzern saßen verwirrte Soldaten.

Boris Jelzin, damals der kommunistische Chef der Sowjetrepublik Russland, stieg auf einen Panzer und hielt eine flammende Rede gegen eine Rückkehr zur alten Zeit. Am dritten Tag brach der Putsch zusammen. Gorbatschow kehrte nach Moskau zurück. Boris Jelzin hatte ihn durch die Mobilisierung der Straße gerettet. Das hatte einen Preis: Jelzin nahm ihm zugleich die Macht aus der Hand und etablierte sich als Präsident von Sowjetrussland. Er hatte sich praktisch schon von der Sowjetunion losgesagt, die er nun zerschlagen wollte. Dabei entglitt ihm ein verhängnisvoller Zuruf an die Führer der anderen Sowjetrepubliken:

»Holt euch so viel Souveränität, wie ihr verdauen könnt.« Jelzin öffnete damit das Tor zur Hölle.

Am 24. August 1991 sagte sich die Ukraine als zweitwichtigste Sowjetrepublik vom Kreml los. Dann folgten die drei baltischen und die zentralasiatischen Republiken. Es dauerte nur noch wenige Monate, bis Ende 1991 die rote Fahne über dem Kreml eingeholt wurde. Die Sowjetunion war zerfallen – aus der Sicht des heutigen russischen Präsidenten »die größte geopolitische Katastrophe des 20. Jahrhunderts«. Diese Ansicht setzte sich auch in der russischen Bevölkerung durch, je mehr die neue Ära sie enttäuschte. 1991 glaubten sie noch an die Demokratie, aber Jelzin war nicht in der Lage, diese Sehnsucht zu erfüllen. Russland stürzte in den zehn Jelzin-Jahren in seine tiefste Erniedrigung ab.

Gorbatschow, der »Präsident ohne Land«, blieb als historische Figur dennoch kein Gescheiterter. In militärischer Sprache würde man ihn einen »Helden des Rückzugs« nennen. Er war in seinen sieben Amtsjahren in die Rolle des Vollstreckers der KSZE-Prinzipien von Helsinki und als Garant der europäischen Friedensordnung hineingewachsen: keine Einmischung in innere

VERRÄTER IM WODKARAUSCH

Das Hinscheiden der Sowjetunion, das Scheitern von Michail Gorbatschow und die Abrissarbeiten von Boris Jelzin vollzogen sich in einer Dramatik, ja Theatralik, als würden sie das Zitat ihres Ahnherrn Karl Marx bestätigen wollen: »Die Geschichte wiederholt sich immer zweimal — das erste Mal als Tragödie, das zweite Mal als Farce.«

Die altkommunistischen Kremlputschisten, die im August 1991 den Reformer Michail Gorbatschow stürzen wollten, hatten sich für ihr Vorhaben ziemlich viel Mut angetrunken. Als sie sich den Medien als »Staatskomitee für den Ausnahmezustand« vorstellten, zitterten dem Putschführer und Sowjet-Vizepräsidenten Gennadi Janajew sichtbar die Hände, Verteidigungsminister Marschall Dmitri Jasow döste still vor sich hin, KGB-Chef Wladimir Krjutschkow rollte nervös mit den Augen, Ministerpräsident Walentin Pawlow fehlte überhaupt. Er lag sternhagelvoll auf der Couch in seinem Arbeitszimmer. Uns Journalisten war sofort klar: Das wird nichts!

Leider war die österreichische Bundesregierung über diese Farce in Moskau nicht informiert (worden). Sie blamierte sich unsterblich, als sie am nächsten Tag als einzige Regierung der Welt die Putschregierung »als Realität« anerkannte. Der Moskauer Radiosender Echo Moskwy gratulierte scherzhaft »dem letzten Bruderland der Sowjetunion«.

Angelegenheiten anderer Staaten, Respektierung von Grenzen, Meinungsfreiheit. Was das mit der Ukraine zu tun hat? Sehr viel.

In Helsinki war besiegelt worden, dass allfällige Änderungen von Grenzen nur im Einvernehmen mit den Betroffenen erfolgen können. Eine Bestärkung dieser europäischen Friedensordnung kam 1994 hinzu, als bei einer Konferenz in Budapest mit den USA, Großbritannien und Russland (als Nachfolgestaat der Sowjetunion) die Ukraine der Rückgabe der noch aus Sowjetzeiten gelagerten Atomwaffen zustimmte. Als Gegenleistung erhielt die Ukraine die Zusicherung der Unverletzlichkeit ihrer Grenzen. Dieses »Budapester Memorandum« wurde 1997 noch bestärkt durch einen Freundschaftsvertrag zwischen Russland und der Ukraine.

Die »Freundschaft« hielt nicht einmal sieben Jahre. 2014 annektierte Russland die Krim. Die »Garantiemächte« USA und Großbritannien nahmen das ohne Konsequenzen hin. Diese passive Haltung, die an jene Großbritanniens und Frankreichs bei der Besetzung Österreichs 1938 und der Tschechoslowakei 1939 durch Hitler erinnerte, war vielleicht noch ausschlaggebender für Putins Überlegungen zu einer Invasion als der Wunsch der Ukraine, einmal Mitglied der NATO zu werden. (Nach Hitlers Einmarsch in die Tschechoslowakei folgte jener in Polen, der dann den Weltkrieg auslöste – das ist die Folge, wenn Stopptafeln zu spät aufgestellt werden.) Hatte die Ukraine vor der Ära Putin noch im schizophrenen Zweifel gelebt, wohin sie eigentlich gehört (als Westen des Ostens oder als Osten des Westens), so weiß sie es heute ganz genau: zum Westen!

Mit Ex-Kremlchef Michail Gorbatschow
1999 in Wien

Russland, die NATO und die Ukraine

Der größte Krieg auf europäischem Boden seit 1945 hat alles zerstört, was in den letzten Jahrzehnten an Vertrauensbildung zwischen Washington und Moskau aufgebaut worden war. Russland ist unter Putin zu einem Pariah-Staat geworden und nicht mehr paktfähig, geschweige denn paktwürdig. Beide Atommächte lizitieren ihre Drohungen und Gegendrohungen, die eine Neuauflage der Weltkrise nach Art der Kubakrise vor genau sechzig Jahren befürchten lassen. Das Risiko maximiert sich auch deshalb, weil diplomatische Kanäle maximal verschüttet sind.

Der Publizist Michael Stürmer erinnert in der Zeitung *Die Welt*: »Zur Vertrauensbildung gehörten die Geheimgespräche von (Präsidentenbruder) Bobby Kennedy mit dem sowjetischen Botschafter auf der Höhe der Kubakrise 1962, als die Welt den Atem anhielt, bis ein funktionsfähiger, weitgehend geheimer Vertrag über den beiderseitigen Rückzug gefunden und formuliert war. Zu den positiven Folgen der kubanischen Raketenkrise gehörte die Einsicht beider Seiten, dass ohne Rüstungskontrolle die Welt früher oder später sich selbst zerstören würde. Ein anderes Beispiel war 1987 die Beendigung der Konfrontation um die landgestützten Mittelstreckenraketen. Beide Seiten fanden den Kompromiss der Nulllösung ... Ohne diplomatische Vorarbeit hätten die Reserven an Vertrauen und Goodwill schwerlich ausgereicht.«

Seither sind nicht nur so gut wie alle Rüstungskontrollverträge ausgelaufen, es findet auch ein völliger Kontrollverlust in der Politik statt. Es regieren die Emotionen – das ist Gift im Zeitalter der Atomraketen.

DAS AMERIKANISCHE ZEITALTER

Eines muss man den USA zugutehalten: Die Amerikaner hatten nie den Plan, eine militärische Weltmacht, ein Imperium, zu werden. Es passierte einfach. Es gab zwar eine imperialistische Phase Ende des 19. Jahrhunderts, als sie die Reste des spanischen Kolonialreichs, Kuba und die Philippinen, mit Gewalt kassierten, aber immer wieder setzten sich isolationistische Tendenzen durch. Die US-Politik vollzog sich immer in einem Spannungsfeld zwischen Intervention und Isolation, manchmal in Abständen von nur vier Jahren einer Präsidentschaft. Das verwirrt Partner und lässt Unsicherheit über die Bündnisfähigkeit der USA aufkommen, wenn man sich an die Kündigung des Atomvertrags mit dem Iran durch Präsident Trump erinnert – und die Wiederaufnahme der Verhandlungen durch seinen Nachfolger Biden.

Schon aus dem Ersten Weltkrieg wollten sich die USA heraushalten – bis sie der deutsche U-Boot-Krieg zum Eingreifen auf dem europäischen Kontinent »einlud«. Nach dem Krieg verweigerte der US-Kongress den Beitritt zum Völkerbund. 1939/1940 war die Stimmung in den USA ebenfalls höchst isolationistisch – bis der japanische Überfall auf Pearl Harbor in den USA die größte Kriegsmaschinerie der Geschichte in Bewegung setzte. Und es war Hitler, der in einer Art Treue zu Japan den USA den Krieg erklärt hatte, nicht umgekehrt.

1945 waren die USA dann plötzlich eine Supermacht »by default« – in Ermangelung anderer. Europa hatte sich in zwei europäischen Bürgerkriegen (1914 – 18, 1939 – 45) selbst zerstört. Wären die USA ihrer isolationistischen DNA gefolgt, hätten sie sich aus Europa wieder zurückgezogen (und den Dollar als Herrschaftsinstrument wirken lassen), aber da brach schon der Kalte Krieg mit der Sowjetunion aus. Stalin sah sich ebenfalls in der Rolle des siegreichen Weltenherrschers – erst über den Faschismus und demnächst über den Kapitalismus. In Italien und Frankreich standen die kommunistischen Parteien schon vor Wahlsiegen.

Als Gegenmittel lieferten die USA den wohl letzten Geniestreich ihrer Geschichte: den Marshallplan. Mit einem gigantischen Wiederaufbauprogramm im heutigen Wert von 140 Milliarden Dollar wurde Europa ab 1948 wieder auf die Beine geholfen – einzigartig auch die Hilfe für Deutschland, das nur drei Jahre zuvor noch Kriegsgegner gewesen war! (Österreich bekam von dem Kuchen überdurchschnittlich viel ab.) Der Marshallplan schlug mehrere Fliegen auf einen Schlag. Er bannte die kommunistische Gefahr, nutzte ein prosperierendes Europa als Handelspartner und schmiedete die Bande einer »atlantischen Gemeinschaft«, die bis heute halten.

In den letzten zwanzig Jahren haben die Innen- und Außenpolitik der USA aber stark an Qualität verloren. Die vier Jahre Trump glichen einer einzigen anarchistischen Selbstzerstörungsaktion. (Der »America First«-Präsident war nicht durch Stimmenmehrheit ins Amt gelangt, sondern dank des Wahlsystems, das sein Team genial zu nützen wusste.) Von dem Politvandalismus Trumps hat sich das Land bis heute nicht erholt, wie es überhaupt vom »alten Speck« der frühen Erfolgsjahre zehrt. Die Infrastruktur liegt ab Boden, die Reichen und Superreichen sichern sich über ihre Lobbys und Wahlkampfspenden eine Steuersenkung nach der anderen und der »amerikanische Traum« ähnelt einer Karikatur.

DIE FALSCHEN KRIEGE DER USA

Wie viele Kriege kann eine Supermacht verlieren, ohne dass es an die Substanz geht? Die US-Historikerin Barbara Tuchman hat es in ihrem Klassiker *Die Torheit der Regierenden – Von Troja bis Vietnam* so treffend beschrieben: Großmächte sägen sich in ihrer Hybris (Selbstüberschätzung) den eigenen Ast ab. Sie wusste 1984 noch nichts von Afghanistan oder Irak. Barbara Tuchman analysiert: »Die gesamte Geschichte durchzieht das Phänomen, dass Regierungen und Regierende eine Politik betreiben, die den eigenen Interessen zuwiderläuft.«

Sie gibt zu bedenken, dass die Leistungen der Regierungskunst weit hinter dem zurückbleiben, was die Menschheit in anderen Bereichen erreicht hat, und sie zitiert den US-Präsidenten John Adams: »Während alle anderen Wissenschaften vorangeschritten sind, tritt die Regierungskunst auf der Stelle; sie wird heute kaum besser ausgeübt als vor drei- oder viertausend Jahren.«

Der erste große Fehler der USA war der Vietnamkrieg. Er entstand aus der törichten Dominotheorie: Wenn Südvietnam fällt, fällt ganz Südostasien wie Dominosteine an die Kommunisten. Die USA begriffen nicht, dass es sich in Vietnam um einen antikolonialistischen nationalen Befreiungskrieg – zwar unter kommunistischen Vorzeichen – handelte, der schon gegen die Franzosen begonnen und mit deren Niederlage geendet hatte. Jetzt kamen nach den Franzosen die Amerikaner und glaubten, sie müssten die Südvietnamesen vor der kommunistischen Bedrohung Nordvietnams und Chinas schützen. Ich war noch im Vietnamkrieg und erlebte die Südvietnamesen, die keinen Unterschied zwischen neuen und alten Weißen zu erkennen vermochten und die Amerikaner für Franzosen mit anderer Sprache hielten. Sie wollten die Rückkehr der Kolonialisten verhindern. (Es ist bezeichnend, dass kommunistische Systeme überall dort auf der Welt, wo der Kommunismus nicht als Fremdherrschaft aufgepfropft wurde, sondern als nationale Befreiungsbewegung an die Macht kam, auch heute noch existieren: China, Kuba, Vietnam, Nordkorea.)

Vor Iraks Führer Saddam Hussein im »Kniefall« 1990 in Bagdad während der Befreiung österreichischer Geiseln durch Bundespräsident Kurt Waldheim (hinten)

Die USA mussten die Tragödie des Vietnamkriegs mit allen Grausamkeiten, die sie auch selbst durch den Bombenkrieg begingen, bis zur bitteren Niederlage auskosten, weil sie das rechtzeitige Aussteigen aus dem Krieg versäumt hatten. Dabei hatte mir der chinesische Regierungschef Zhou Enlai schon 1972 bei einem Interview in Peking erklärt: »Die Amerikaner sollen endlich mit dem Krieg aufhören. Er hilft nur der Sowjetunion.« In Washington glaubte man aber immer noch, China würde hinter

EIN DANKESCHÖN
VON SADDAM HUSSEIN

Der Erste Golfkrieg ab 1980, jener
Saddam Husseins gegen Ajatollah Khomeini, brachte mir einen überraschen-
den Anruf der irakischen Botschaft
in Wien mit einer Besuchseinladung
von Präsident Saddam Hussein ein. Er
wollte der Welt seinen siegreichen
Feldzug zur Eroberung der iranischen
Erdölregion zeigen.

Vor Ort sah ich, dass der Feldzug
ziemlich rasch ins Stocken geraten
war. Vor allem die Mobilität der Pan-
zerwaffe wurde nicht genutzt. Noch in
Bagdad setzte ich einen frechen Zei-
tungsartikel nach Wien ab, mit dem
Titel

. Dieser Artikel wurde aber
auch in der irakischen Botschaft in
Wien mit großer Enttäuschung gelesen.
Einen Tag später pumperten im Al-
Rashid-Regierungshotel zwei Männer
in Anzügen und mit dunklen Brillen

an die Tür: »Herr Präsident Saddam Hussein dankt, dass Sie sein Gast gewesen sind. Sie haben fünf Minuten Zeit. Unten wartet das Auto.« Wüstenfahrt nach Jordanien.

Es hätte schlimmer ausgehen können.

dem Krieg stecken. Dabei war der Bruch zwischen dem kommunistischen China und der kommunistischen Sowjetunion schon über ein Jahrzehnt alt. Zhou Enlai im gleichen Interview über Chinas Eingreifen in den Koreakrieg 1950: »Stalin hatte uns hineingelegt.«

Die Bilanz des großen Irrtums namens Vietnamkrieg, in dem vor allem die junge amerikanische Generation »verheizt« wurde: 55.000 getötete US-Soldaten, über eine Million Vietnamesen; 300.000 US-Soldaten verwundet oder verkrüppelt, über 1,5 Millionen Vietnamesen; 200 Milliarden Dollar verpulvert (um diese Summe hätte man jedem Vietnamesen ein Haus bauen und ihn mit einer lebenslangen Rente versorgen können); Vietnam durch dreißig Millionen Bombenkrater verwüstet.

Bald nach dem Vietnamkrieg stellte sich den USA die allgemeingültige Frage: Wozu die vielen Opfer, wozu die vielen Toten? Heute werden die Amerikaner nach Vietnam zurückgerufen – als Investoren und Geschäftsleute. Dieses »Komm zurück!« gilt auch für US-Kriegsschiffe, die gerne zu Freundschaftsbesuchen begrüßt werden – als Rückversicherung gegenüber China, mit dem Vietnam in herzlicher Gegnerschaft verbunden ist.

Der nächste Krieg: Afghanistan 2001 bis 2021. Auch hier wollten die USA in ihrem Missionierungseifer die Segnungen der Demokratie bringen. Auslöser des Afghanistan-Kriegs war die Jagd nach der Al Kaida gewesen. Die Terrormiliz des Osama bin Laden war für 9/11 verantwortlich. Die seit 1996 in Afghanistan herrschenden Taliban hatten der Al Kaida Unterschlupf gewährt. Durch die US-Invasion wurde die Al Kaida zwar nicht besiegt, aber in das benachbarte Pakistan verdrängt.

Die USA blieben dennoch in Afghanistan und wollten die Gelegenheit nutzen, auch dem Taliban-Regime ein Ende zu bereiten. Dieses Unterfangen wuchs sich zu einem blutigen, teuren, zwanzigjährigen Krieg aus. Das Problem lag darin, dass die Verantwortlichen der USA die Demokratie nicht ohne, sondern mit den alten, korrupten Warlords aufbauen wollten. Es gab allerdings auch niemand anderen. Es gab ja in dem durch dreißig Jahre wechselnde Kriege total verwüsteten Land und in seiner Gesellschaft keine Art von Bürgertum im westlichen Sinne, auf dem sich eine Demokratie aufbauen hätte lassen. In Washington hat man offensichtlich nie die Warnung des Alexander von Humboldt gelesen, der 1791 vor der Nachahmung der Verfassung der Französischen Revolution warnte: »Staatsverfassungen lassen sich nicht auf Menschen aufpfropfen wie Schösslinge auf Bäume. Wo Zeit und Natur nicht vorgearbeitet haben, da ist es, als binde man Blüten und Fäden an. Die erste Mittagsonne versengt sie.«

Es kam, wie es kommen musste. Den USA gelang es auch in Afghanistan nicht, die »hearts and minds« (Herzen und Köpfe) der Bevölkerung zu gewinnen. Wiederum versäumten es die USA, rechtzeitig aus dem Krieg auszusteigen. Es kam noch ärger: Sie verzögerten in völliger Verkennung der Lage den Rückzug so lange, bis sie schließlich aus Kabul davonrennen mussten. Dieser Eindruck eines schwachen, abgewirtschafteten Westens gab vermutlich den letzten Ausschlag für Putins Entschluss, die Invasion der Ukraine zu wagen.

Krieg Nummer drei: Irak. Diese von US-Präsident George W. Bush mit der Kriegslüge von angeblichen Massenvernichtungswaffen 2003 vorsätzlich vom Zaun gebrochene Invasion war nichts anderes als ein Rachekrieg gegen die Araber als Antwort auf 9/11. Sie bildete mit der Erlaubnis an die CIA zum systematischen Foltern im Krieg gegen den Terror den moralischen Tiefststand der USA. Vierzig Tage nach dem Einmarsch verkündete Präsident Bush am 1. Mai 2003 den Sieg: »Mission Accomplished.« Doch die Mission war noch lange nicht beendet. Sie begann jetzt erst recht und wurde zum Albtraum.

Die USA hatten im Irak in völliger Unkenntnis von dessen inneren Strukturen schlafende Hunde geweckt. Das von den britischen Kolonialisten/Imperialisten 1920 aus der arabischen Konkursmasse des Osmanischen Reiches zusammengeschmiedete Staatsgebilde stand unter der Führung der islamisch-sunnitischen Minderheit gegen die Interessen der islamisch-schiitischen Mehrheit und der Kurden. Saddam Hussein mag ein grausamer Tyrann gewesen sein, aber er war der Führer der Sunniten, der den Staat mit Gewalt zusammenhielt. Sein Sturz – und die Auflösung seiner Regierungsarmee – stieß einen Bürgerkrieg an, dem die USA nicht Herr wurden. Die Schiiten wurden dabei vom iranischen Regime unterstützt. (Die türkischen Sultane hatten in ihrem Sinne klüger geherrscht. Unter ihnen bestand der heutige Irak aus drei Provinzen: Mosul im Norden für die Kurden, Bagdad in der Mitte für die Sunniten und Basra im Süden für die Schiiten.)

So kam nun eine dritte Kraft ins Spiel: das IS-Kalifat. In einer Blitzinvasion aus Syrien heraus überrannten die IS-Milizen den Irak bis vor die Tore Bagdads. Das politische Konstrukt der USA brach wie ein Kartenhaus zusammen. Statt des geplanten Abzugs mussten US-Kampfverbände weiter im Irak bleiben, für den Krieg gegen den IS. Der US-Kampfeinsatz im Irak endete erst zum Jahresende 2021.

Es gibt auch einen Krieg, der von den USA versäumt wurde: Syrien. Hätten die USA zeitgerecht eingegriffen und Assad gegen einen Vertreter aus der Militäropposition ersetzt, wäre der Krieg nicht zum Stellvertreterkrieg ausländischer Mächte ausgeartet, mit islamistischer Radikalisierung und der Landung Russlands, um das Assad-Regime an der Macht zu halten. Aber für die Entscheidungsträger in Washington war ein militärisches Eingreifen tabu, zumal und nachdem sie sich in Afghanistan und im Irak die Finger verbrannt hatten. Außerdem hatte der NATO-Einsatz zum Sturz des libyschen Machthabers Gaddafi dort erst recht Bürgerkriegschaos ausgelöst. Überdies leistete sich US-Präsident Obama einen besonderen Schnitzer: Er erklärte, die USA aus dem Krieg heraushalten zu wollen, außer es würde Giftgas eingesetzt werden. Es wurde Giftgas eingesetzt – und der US-Präsident musste sich für ein Dennoch-nicht-Eingreifen von den Russen die Kastanien aus dem Feuer holen lassen. Assad habe damit überhaupt nichts zu tun, teilten sie nach ihrer Untersuchung mit.

Im Zelt des libyschen Staatsführers Muammar al-Gaddafi 1996 in der Hauptstadt Tripolis

DER ABSTIEG
DER ALTEN MÄCHTE

So arbeiten die USA emsig am Verlust ihrer Monopolstellung in der Welt. Ihre Gegner müssen sich aber noch gedulden, denn »Gottes eigenes Land« wird noch ziemlich lange im Spiel bleiben. Die Kraft der USA, sich immer wieder neu zu erfinden, ist erstaunlich. Außerdem haben die USA das alles beherrschende Internetzeitalter erfunden, das sie nur mit China teilen müssen. Der Dollar bleibt die unangefochtene Leitwährung der Welt. In puncto Militär sind die USA noch immer die einzige Macht, die auf allen Kontinenten und Meeren präsent ist.

Schlechter sieht es mit dem inneren Zustand der USA aus. Das Land zerfällt in zwei feindliche Stämme – Republikaner und Demokraten –, die auf keinen grünen Zweig kommen. Die öffentlichen Gelder sind so knapp gehalten, dass die veraltete Infrastruktur stellenweise auf Drittweltniveau gesunken ist. Die New Yorker U-Bahn wird »öffentliche Armut auf Rädern« genannt. Darüber türmen sich die privaten Luxus-Wolken-

kratzer, die teuersten der Welt. Die traditionelle
Unlust der Amerikaner, dem Staat Steuern ab-
zuliefern, erklären manche Beobachter mit dem
Umstand, dass die USA als eine Nation von Steu-
erverweigerern (an die Kolonialmacht in London) geboren worden waren. Eine ebensolche
Unlust gilt dem Klima- und Umweltschutz, da
er mit persönlicher Einschränkung verbunden
ist. Die USA sind aber als eine Verschwendungs-
gesellschaft groß geworden, was die Wirtschaft
auch am Laufen hielt.

Gar nicht gut sieht es in Europa aus. Der Kontinent hat das Digitalzeitalter überhaupt versäumt – eine Negativleistung der EU. An hohen
Ansprüchen hat es der EU nicht gefehlt. Auf dem
Lissabon-Gipfel 2000 verabschiedeten die Mit-
gliedsstaaten den Strategieplan, um die Union
»innerhalb von zehn Jahren zum wettbewerbs-
fähigsten und dynamischsten wissensgeschütz-
ten Wirtschaftsraum der Welt zu machen«. Das
wäre 2010 gewesen. Statt Europa hat sich China
die Elemente des Plans zu eigen gemacht.

Der Krieg Russlands gegen die Ukraine belastet
ganz Europa. Er hat den Kontinent aber auch auf-
geweckt. Der Rückbau der gestörten Lieferketten

wird Europa wieder zu einem Produktionsstandort machen. Allerdings wird das erheblich teurer.

In einem Punkt kann sich Europa sehen lassen,
auch gegenüber den USA: Hier ist die Demokratie
besser aufgehoben als jenseits des Atlantiks. Die
USA, wo an der New Yorker Hafeneinfahrt Miss
Liberty die Fackel der Freiheit hochhält, haben
die Demokratie veruntreut.

DER AUFSTIEG CHINAS

Bei der politischen und wirtschaftlichen Einordnung des Aufstiegs Chinas hat die westliche Welt mehrere Irrtümer begangen. Die Annahme, dass die Chinesen in einem Entwicklungsstadium, in dem sie zwischen Konsumgütern auswählen können, auch die Forderung nach einer Auswahl in der Politik stellen würden, erwies sich als falsch. Ebenso erwies sich die Annahme als falsch, dass China durch die bevorzugte Aufnahme in die Welthandelsorganisation (WTO) zu einem offenen und fairen Wirtschaftsverkehr geführt werden könnte. China ist dort offen, wo es China nützlich ist, mahnt aber den freien Welthandel für seine Exporte an. Überhaupt hat sich die fundamentalistische Form des freien Welthandels als Irrweg herausgestellt. Handelspartner müssen kompatibel sein, etwa im Bereich von Kontinenten oder zwischen Europa und USA. Freihandel auf globaler Ebene gefährdet in schwachen Ländern die soziale und politische Ordnung.

Heute ist bei der Beurteilung Chinas große Ernüchterung eingetreten. Als besonders falsch stellte sich die Erwartung heraus, dass Modernisierung mit Verwestlichung gleichzusetzen ist. Das Reich der Mitte ist ein eigener Kosmos, der anders tickt: Man lebt westlich, denkt aber in traditionellen Werten. Diese werden vom Konfuzianismus geleitet, zu dem China immer rascher zurückkehrt, je stärker es wird. Für die Politik bedeutet das, dass der Herrscher nicht demokratisch regieren muss, sondern tugendhaft. Er unterliegt einem Verhaltenskodex aus Verpflichtungen und Verantwortungen. China ist eine konfuzianische Erziehungsdiktatur und zugleich die erste digitale (Überwachungs-)Diktatur der Welt.

China ist das einzige Weltreich der Geschichte, das wieder zurückgekehrt ist – das größte Comeback aller Zeiten. Dementsprechend beansprucht es wieder den Führungsplatz, den es bis etwa 1820 eingenommen hatte. Es hatte nie Expansion betrieben, wie etwa die Mongolen oder Alexander der Große, sondern über Jahrtausende eine Ausbreitung in Form zivilisatorischer Hegemonie angestrebt. Ein Staat, der die größte und längste Mauer der Welt baut, will seine Nachbarn nicht bedrohen, sondern sich verteidigen. China hat auch keinen ideologischen Missionierungseifer. Es ruht in sich selbst als eigener Kosmos.

Chinas Außenpolitik ist Rohstoffsicherungs-
politik zusammen mit der Revision der 150 »Jahre
der Demütigung durch die imperialistischen und
kolonialistischen Mächte«. Die Handelsauswei-
tung über das Konzept der »Neuen Seidenstraße« dient natürlich auch der Einflussauswei-
tung, etwa in Südosteuropa. China lässt sich das
viel kosten. Quizfrage: Wer ist früher in Belgrad
– China oder die EU? Wirtschaftliche Bindun-
gen schaffen auch Abhängigkeiten – zuweilen
sehr einseitige. Österreich hat sich dieser Um-
armungsstrategie entzogen, um Abhängigkeiten
zu entgehen. Ist die »Neue Seidenstraße« nun ein
Segen oder eine Gefahr? Bundeskanzler Sebas-
tian Kurz im Interview mit der *Kronen Zeitung* vor
einer China-Reise: »Ja zur ›Neuen Seidenstraße‹,
aber mit Verkehrsregeln.«

China fragt bei seiner Seidenstraßeninitiati-
ve nicht nach den Menschenrechten und will
sie auch nicht von anderen vorgeschrieben wissen. Jedenfalls traten Ungarn und Griechenland
innerhalb der EU bereits als Interessenvertreter
Chinas auf. Beide verhinderten EU-Kritik an der
Menschenrechtslage in China. Tschechiens ver-
haltensauffälliger Präsident Miloš Zeman bot

China sein Land sogar als wörtlich »unsinkbaren Flugzeugträger« an.

Chinas Ehrgeiz, sich an die Spitze der globalen Entwicklung zu setzen, ist ungebrochen. Dieser Trend wird in drei Phasen beschrieben: von »Made in China« über »Made from China« zu »Made by China«. Das Reich der Mitte ist nicht nur modernisierungswillig, sondern regelrecht modernisierungswütig.

Die Entwicklung Chinas besteht aus drei Phasen, die sich in der Person ihrer Führer als eine Art chinesische Dreifaltigkeit darstellen: Mao Zedong hat China befreit, Deng Xiaoping hat China zu (bescheidenem) Wohlstand geführt und Xi Jinping wird China stark machen. Die Ära Xi Jinping ist von der Überzeugung geleitet, dass China einen Entwicklungsstand erreicht hat, auf dem es auch seine Stärke zur Geltung bringen kann, sowie von der Notwendigkeit wirtschaftlicher Korrekturmaßnahmen, um nicht in der sogenannten »Middle Income Trap« stecken zu bleiben. Das heißt, es müssen immer neue, höhere Marktsegmente, neue Wege der Wertschöpfung, erschlossen werden, um eine Stagnation an der oberen Grenze mittlerer Entwicklung zu vermeiden – das Schicksal vieler Schwellenländer.

Die Sicherung und Schaffung von Arbeitsplätzen in dem Reich der 1.400 Millionen Menschen (zweimal EU plus USA) sind das Um und Auf für die Sicherheit des Regimes. Solange die Chinesen die Gewissheit zu haben glauben, dass es ihnen in ein, zwei, drei Jahren noch besser gehen wird als gestern und heute, werden sie kein Bedürfnis haben, dieses System zu zerstören.

Die chinesische Jobmaschine der letzten zehn, zwanzig Jahre durch das Hereinholen ausländischer Investitionen ist an ihre Leistungsgrenze gelangt, wenn chinesische Firmen ihre Produktion schon in billigere asiatische Länder auslagern. Heute hat China zwar nach wie vor den größten Devisenschatz der Welt, aber eine Binnenverschuldung von mutmaßlich bereits über 200 Prozent, wobei die Zentrale in Peking Mühe hat, einen Überblick über die Verschuldung der Provinzen, Gemeinden, Schattenbanken etc. zu gewinnen. Jüngste Daten lassen den Schluss zu, dass China an Fahrt verliert.

Ist China stabil? In seiner langen Geschichte war das Reich der Mitte immer wieder auseinandergefallen, dann wieder zusammengewachsen. Maos Kulturrevolution – ich nenne sie »Unkulturrevolution« – hätte China fast zerstört. Auch danach wurde die Kommunistische Partei Chinas von Flügelkämpfen gebeutelt. Bei meiner Begegnung 1972 mit Maos Weggefährten und Regierungschef Zhou Enlai, der die ärgsten Auswüchse der Unkulturrevolution verhindert hatte, fragte ich ihn pseudonaiv, weshalb es in China nur eine Partei gebe. Er erklärte das geduldig damit, dass Chinas KP eine Befreiungsbewegung gewesen sei, die dann die Verantwortung für den Aufbau des Landes übernommen habe. »Aber«, so schloss er verschmitzt, »glauben Sie mir: Auch wenn es in einem Land nur eine Partei gibt, so gibt es doch viele Parteien in dieser Partei.«

Den Aufstieg Chinas und dessen Konkurrenz- und Rivalitätsverhältnis zur »Alten Welt« hat der Westen selbst mitverursacht. Er ließ das Reich der Mitte für seinen Wohlstand arbeiten. Demokratien müssen ihre Stimmbürger gut und preiswert versorgen, um an der Macht zu bleiben. Das öffnete die Importflut aus China und füllte dessen Schatzkammern.

China ist vom Westen nie als normales Land wie andere auch gesehen worden, sondern immer in Extremen, mal romantisiert, mal verteufelt. Derzeit gilt Letzteres. »Welches China hätten Sie denn gerne?«, fragt der Politikwissenschaftler und Ostasienexperte Professor Eberhard Sandschneider: »Darf es vielleicht als ›Supermacht‹ sein? Nichts leichter als das … Oder doch lieber ›China vor dem Zusammenbruch‹? Auch das ist nicht schwer … Oder ziehen Sie das Bild von China als ›High-Tech-Macht‹ vor? Kein Problem … Kann man China schließlich noch als ›Entwicklungsland‹ sehen? Selbstverständlich ist auch das möglich … China ist alles zusammen. China ist ein Land der Widersprüche, die sich alle auf scheinbar wundersame Weise in einem labilen Gleichgewicht halten.«

Konfuzius und die Globalisierung

Die chinesische Sicht der Globalisierung ist eng mit konfuzianischen Werten verbunden. Der Sinologe Oskar Weggel argumentiert: »Gehen westliche Entwicklungs- und Modernisierungstheorien in der Regel von der kreativen Zerstörung des Alten durch das Neue – und damit vom ›Entweder-oder‹ – aus, so neigen die gesellschaftsphilosophischen Vorstellungen Chinas eher zur Bevorzugung des ›Sowohl-als-auch‹ ... Die Zeit verläuft nach chinesischer Tradition nicht geradlinig, sondern in einem Kreislauf: Das Vergangene ist also ewige Gegenwart und wird auch Zukunft ... Die Auffassung, dass die Globalisierung letztlich auch das Ende des chinesischen Wertesystems mit sich bringe, erscheint ziemlich naiv. Kurz- und mittelfristig mag es zwar nach einem Sieg westlicher Werte ausgesehen haben. Langfristig allerdings dürften sich die authentischen Wertesysteme Asiens, vor allem der Konfuzianismus, doch wieder zu Wort melden, und zwar gebieterischer denn je. Man stelle sich eine Zukunftswelt mit zwölf bis 15 Milliarden Menschen, eng gewordenen Räumen und knappen Rohstoffen vor. Muss in einer solchen Umgebung die Verherrlichung des Individualismus nicht als Luxusschöpfung erscheinen, deren Tage gezählt sind? Der klassische Konfuzianismus war ein Kind der Not und erteilte als solches Antworten auf die Frage, wie Verteilungskämpfe unblutig gelöst und wie

Formen dichten Zusammenrückens möglichst konfliktfrei gestaltet werden können. Im Zeichen abnehmender Möglichkeiten und zunehmender Beengung könnte er sich erneut als Zuflucht und Ratgeber erweisen – und dies paradoxerweise ausgerechnet im Zeichen der Globalisierung.«

Übrigens: In den chinesischen Multimillionenstädten fehlen die Slums lateinamerikanischer oder afrikanischer Städte. Und in einem System des Sowohl-als-auch können Kapitalismus (als Marktwirtschaft) und Kommunismus (als offiziell »Sozialismus mit chinesischen Vorzeichen«) nebeneinander existieren.

Gehirnwäsche für die Uiguren

»Wer das Schweigegebot bricht, außer auf Befehl, darf eine Woche lang nicht duschen. Vor jeder Mahlzeit muss im Tischgebet dem Vaterland, der Kommunistischen Partei und Staatschef Xi Jinping der Dank ausgesprochen werden.« Das und vieles mehr beschreiben frühere Insassen, die nicht völlig eingeschüchtert worden sind, ihre Erlebnisse in den Umerziehungslagern und so wie China hat noch kein Staat islamistischem Radikalismus und nationalistischem Extremismus den Kampf angesagt.

China ist eine konfuzianische Erziehungsdiktatur. Dieser Umstand ist von Erscheinungen und Entscheidungen begleitet, die in anderen Kulturkreisen Staunen hervorrufen, ja Entsetzen auslösen. Stichwörter: Sippenhaftung und Gehirnwäsche. Als ich einmal von einem chinesischen Offiziellen wissen wollte, ob das wirklich stimme mit der Gehirnwäsche, der die gefangenen US-Soldaten im Koreakrieg in Nordkorea unterzogen worden waren, sodass sie als glühende Kommunisten zurückkehrten, kam eine verblüffende Antwort: »Natürlich stimmt das mit der Gehirnwäsche. Auch Hirne müssen gewaschen werden, wenn sie verschmutzt sind.«

Das führt zu den Geschehnissen in der chinesischen Provinz Xinjing (heißt: Grenzland). Als Antwort auf Terror ließ und lässt Peking vermutlich mehrere Millionen Uiguren zur Gehirnwäsche durch ein System von Umerziehungslagern schleusen, um das »Gift im Kopf« auszumerzen. »Berufsausbildungsstätten« werden sie genannt. Berufsausbildungsstätten, so nützlich sie auch sein mögen, benötigen allerdings keine Stacheldrahtzäune. Die chinesische Führung nimmt ein ganzes Volk in Sippenhaft für Terroranschläge von Extremisten, will einem ganzen Volk den radikalen Islamismus austreiben. Angeblich mehrere Millionen Menschen durchliefen die Lager, wo sie einer brachialen Gehirnwäsche unterzogen wurden.

Der islamistische Terror war aus dem Ausland zu dem muslimischen Turkvolk gekommen. Exil-Uiguren radikalisierten sich gegen die Marginalisierung ihres Volkes durch die »Han«, die ethnischen Chinesen. Der Anteil der Uiguren an »ihrer« Provinz ist seit 1949 von 75 auf vierzig Prozent gesunken, jener der Chinesen von sechs auf 46 Prozent gestiegen. Im Rahmen der massiven Zuzugs- und Überwachungspolitik hat Peking in Xinjiang seit 1953 auch eine Art von Parallelstaat eingerichtet, das »Produktions- und Aufbaukorps«, bestehend aus Militärsiedlern und deren Familien.

Viel böses Blut zeugt der Drang der chinesischen Politik, die Minderheitsvölker auf chinesische Art selig und mit der chinesischen Modernisierungspolitik glücklich zu machen.

Die Uiguren fühlen sich wirtschaftlich, politisch und kulturell von den herrschenden und gut ausgebildeten, nach konfuzianischem Ethos lebenden Chinesen in ihrer traditionellen Lebensweise überfahren. Beide Seiten wissen sehr wenig von der jeweils anderen Lebenswelt und haben auch im Alltag wenig Berührungspunkte. Die Chinesen würden auch nach Jahren in der Region nicht versuchen, auch nur etwas Uigurisch zu lernen, sagt man. Auch viele Uiguren, insbesondere in ländlichen Gebieten, sprechen schlecht Chinesisch, können und wollen es auch nicht unbedingt lernen.

Traditionelle Lebensverhältnisse dienen im modernen China höchstens noch der Folklore. Die pittoreske Innenstadt der Orientmetropole Kashgar wurde so gut wie komplett abgerissen und Teile davon wurden mit Lehmhäusern (!) als chinesisches Disneyland für den Tourismus neu errichtet.

Die Heimat der Uiguren hat ein chinesisches Gesicht bekommen. Die Provinzhauptstadt Ürümtschi ist eine Wolkenkratzer-Metropole wie andere chinesische Städte auch. Diese »Sinisierung« erzeugt Widerstand und befeuert (militanten) islamischen Fundamentalismus. 2008 brachen ethnische Unruhen aus. Peking beschuldigte Exilkreise, die Störung der Olympischen Spiele im Auge zu haben. Schließlich eskalierten die blutigen Auseinandersetzungen mit Sicherheitskräften in Ürümtschi zu einem antichinesischen Pogrom mit 197 toten Chinesen.

Die Regierung hat die gesamte Provinz Xinjiang zu einem Hochsicherheitstrakt ausgebaut. Jeden Montag Fahnenappell, Nationalhymne und Dank an das Vaterland China. Ein spezielles Kontrollinstrument ist auch das Einquartieren von Soldaten bei uigurischen Familien. Die elektronischen Überwachungsmaßnahmen übertreffen alles, was Sie bisher zum Thema Kontrolle zu wissen glaubten. Elektronische Gesichtserkennung in allen Straßen, biometrische und DNA-Speicherung, Videokameras selbst in Taxis. Jede »staatsfeindliche« Regung wird so im Keim erkannt und erstickt.

Betroffen macht das Schweigen der islamischen Welt zur Verfolgung ihrer Glaubensbrüder in Xinjiang. So weit hat es die Wirtschaftsmacht Chinas schon gebracht.

Die Pandemie fällt auf China zurück

Man kann es in Peking drehen, wie man will: China hat die globale Ausbreitung des COVID-19-Virus verursacht – durch einen schweren Fehler des politischen Systems. Egal ob die Millionenstadt Wuhan der Ursprung der Seuche ist oder nicht, sie hatte dort schon wochenlang gewütet, während die politische Führung alles daransetzte, die Tatsachen zu vertuschen, und einen Arzt, der im Internet die Öffentlichkeit alarmierte, sogar als »Unruhestifter« zum Schweigen verurteilte. Alles hätte nicht so kommen müssen, hätte nicht das kommunistische System Chinas mindestens einen Monat lang Gegenmaßnahmen verhindert. Die Katastrophe nahm ihren Lauf in die Welt. Auf diese »Neue Seidenstraße« hätte die Welt gerne verzichtet.

Normalerweise macht man einen Fehler nur einmal und lernt daraus. China hat es aber fertiggebracht, den gleichen Fehler zweimal zu machen: einmal 2003 bei der SARS-Epidemie und 2019 bei COVID-19. Es ist also offenkundig, dass dieses Verhalten, diese Selbstbeschädigung und Gefährdung anderer, systemimmanent ist für einen totalitären Polizeistaat. Auf der Gehorsamsleiter will keine untere Ebene schlechte Nachrichten an die nächsthöhere und die wieder an die nächsthöhere weiterleiten. Die Führung in Peking war nicht informiert – ähnlich wie der Kremlchef Gorbatschow über die Atomkatastrophe in Tschernobyl drei Tage im Unklaren gelassen worden war.

Diktaturen, die sich ihre Erfolgspropaganda von keinen schlechten Nachrichten »verderben« lassen wollen, können nicht anders handeln. China-Professor Gerd Kaminski, der 2003 die SARS-Epidemie in China selbst erlebte, bekam damals in der Provinz vom Leiter der Gesundheitsbehörde zu hören: »Eine atypische Lungenentzündung ist keine Krankheit, die meldepflichtig ist. Daher hatten wir keine Notwendigkeit gesehen, die Öffentlichkeit zu informieren.«

Bei COVID-19 war die Reaktion der Behörden ähnlich. Noch am 23. Jänner 2020 versuchte man, die von Gerüchten irritierte chinesische Öffentlichkeit mit Meldungen zu beruhigen, dass ohnehin Gegenmaßnahmen eingeleitet worden wären. Die Partei sei immer wachsam. Auch fiel die Reaktion auf das Fehlverhalten von lokalen

Parteifunktionären und Beamten im Vergleich zu SARS rascher und gründlicher aus. Die dafür verantwortlichen Funktionäre der Stadt- und Provinzbehörden wurden gefeuert und jener Arzt, der die Öffentlichkeit alarmiert hatte und in der Zwischenzeit an COVID-19 verstorben war, erhielt eine große Trauerzeremonie.

Nun machte Peking kräftig Dampf. Militärisch organisiert, als wäre Krieg, wurde mit Monster-Lockdowns auf Null-Covid-Politik geschaltet und eine Impfkampagne für 1.400 Millionen (!) Menschen eingeleitet. Tatsächlich gelang es, die Seuche abzuwürgen, während die ganze Welt unter Covid und den Gegenmaßnahmen litt. Doch dann kam Omikron und die an ihre Grenzen gestoßene Null-Covid-Politik wird nun zur schweren wirtschaftlichen Selbstbeschädigung Chinas. Und, noch ärger, die Menschen wollen sich nicht mehr einsperren lassen. Bei dem Massen-Lockdown für 26 Millionen Menschen in Schanghai im April 2022 gingen die Menschen protestierend auf die Straßen, weil die Lebensmittelversorgung nicht funktionierte. Es kam zu Zusammenstößen mit grotesk vermummten Sicherheitskräften. So viel Ungehorsam hatte China schon lange nicht gesehen. Am 26. April zeichnete sich nach ein paar Dutzend Omikron-Fällen ein Monster-Lockdown im 26-Millionen-Siedlungsgebiet Peking ab.

Warum verteidigt die Führung so zäh ihre Null-Covid-Politik? Erstens, weil sie anfangs so erfolgreich war, und zweitens, weil es in China keinen (!) Impfzwang gibt und so viele Alte ungeimpft sind. Würde China nur den Covid-Maßnahmen wie im Rest der Welt folgen, würde allein schon wegen der hohen Bevölkerungszahl das Gesundheitssystem zusammenbrechen (wie es in Hongkong geschehen ist). Es geistert die Horrorzahl von eventuell zu befürchtenden eine Million Toten durch die sozialen Netzwerke. Die Störung der Lieferketten durch die chinesischen Massen-Lockdowns, auch in den Häfen, bekommt nicht nur Chinas Export, sondern die gesamte Weltwirtschaft zu spüren.

Wie gefährlich wird das Reich der Mitte?

China und die USA steuern als Machtrivalen auf einen Kollisionskurs zu. Es geht nicht mehr nur um unbewohnte Felseninseln im Pazifik. Es geht um die Macht in Ostasien. Die aufstrebende Militärmacht China will keine US-Streitkräfte mehr vor ihrer Haustür haben, schon gar nicht als Schutzmacht seiner asiatischen Nachbarn. Mit diesen streitet Peking um die Kontrolle über die wichtigsten Schifffahrtsstraßen der asiatischen Wachstumsregion und über die reichen Rohstoffvorkommen im Meeresboden. Ja, und es geht um Taiwan.

Muss man sich vor China fürchten? Staaten, vor allem in Afrika und Südamerika, die von Chinas Investitionen profitieren, sehen das anders. Für sie ist die neue Weltordnung eine ausgesprochen gute Nachricht. China bietet vielen afrikanischen Staaten unbestreitbare Vorteile: Sie bekommen eine Infrastruktur gebaut, von der sie nie zu träumen gewagt hätten. Chinas unstillbarer Hunger nach Rohstoffen macht es auch zum guten Käufer. Chinesische Unternehmen können mit staatlichem Rückenwind auf den Märkten besser anbieten als ihre westliche Konkurrenz. Sie müssen auch nicht auf Geschäftschancen mit niedriger Gewinnmarge verzichten, weil sie wissen, dass sie auch ein strategisches Interesse ihres Landes vertreten. (In Kroatien gewann China als Bestanbieter die Ausschreibung für einen großen Brückenbau, der von der EU mitfinanziert wurde.)

Wer schlägt das beste Kapital aus den Chancen, die China bietet? Es sind die Eliten in den betroffenen Ländern. China fragt nicht nach Menschenrechten oder Umweltstandards. Peking kann seine Ziele zweifellos am besten bei Regimen erreichen, denen soziale, ökologische und arbeitsrechtliche Standards, die in anderen Ländern rund um den Erdball eingehalten werden müssen, völlig gleichgültig sind.

Taiwan als die nächste Ukraine?

Welche Auswirkungen hat das Kriegsgeschehen in der Ukraine auf Chinas Taiwan-Problem? Einerseits erhebt Peking Besitzansprüche auf die Insel vor seiner Küste, andererseits zeigt der Widerstand der Ukraine, dass sich Taiwan bestimmt nicht freiwillig fügen würde. Die 24 Millionen Taiwanesen sind zwar in kultureller Hinsicht Chinesen wie ihre Brüder und Schwestern auf dem Festland, aber heute schöpft die selbst ernannte »Republik China auf Taiwan« ihre Identität aus der demokratischen Alternative zum kommunistischen System in Peking – und das macht sie zum Systemrivalen der KP-Führer. Spätestens seit der Teilaussetzung der Autonomie von Hongkong weiß jeder auf Taiwan, was von dem Angebot einer »friedlichen Wiedervereinigung« (mit Vollautonomie) zu halten ist.

Was drängt Peking überhaupt zu dem rigorosen und mit militärischen Drohungen untermauerten Besitzanspruch auf Taiwan als »abtrünnige Provinz«? Die Insel war 1895 von Japan erobert und kolonisiert worden. Zwischen 1945 und 1949 war Taiwan nur vier Jahre lang mit China vereint, bis sich der nationalchinesische Führer Tschiang Kai-schek und seine Truppen nach der Niederlage im Bürgerkrieg mit Maos Kommunisten auf die Insel zurückzogen.

Taiwan stört den Führungsanspruch Pekings in der Supermacht-Rivalität mit den USA. Es ist aus festlandchinesischer Sicht ein »unsinkbarer Flugzeugträger« vor der »Haustür«. Das mag eine Großmacht nicht dulden. Hat Peking nach dem Strafgericht gegen Hongkong Appetit auf Taiwan bekommen, besonders nach der lahmen Reaktion des Westens auf die Abschaffung der demokratischen Rechte in der früheren britischen Kolonie? Welche Schlüsse zieht Peking aus dem Widerstand der Ukrainer gegen die russische Invasion? Taiwan steht zwar unter dem Schutz der USA, aber es gibt Grund zur Sorge, dass die USA im Ernstfall ihre Schutzgarantie nicht einhalten. Lohnt sich ein Krieg mit China um Taiwan wirklich, könnte Washington kalkulieren.

Peking läuft die Zeit davon. So wie in Hongkong die festlandchinesische Identität verblasst war, so schwindet sie unter den »demokratischen« Chinesen auf Taiwan. Die Insel ist heute ein De-facto-Staat, aber ohne diplomatische Beziehungen zur Weltgemeinschaft (außer mit dem Vatikan), denn Peking pocht auf seinen Alleinvertretungsanspruch. Taiwan ist auch seit jeher Zufluchtsort chinesischer Dissidenten, wo sie sich frei betätigen können. (Taiwan hat so wie Singapur und die meisten auslandschinesischen Gemeinden Maos Schriftzeichenreform (eine Vereinfachung) nicht mitgemacht und Mandarin schwindet als Hochsprache auf der Insel.)

EIN DENKWÜRDIGES INTERVIEW

Interview mit Chinas legendärem Ministerpräsidenten Zhou Enlai. Als die Dolmetscherin den Namen

übersetzt, hakt Zhou Enlai ein: »Sie vertreten also die Wiedererrichtung der Monarchie in Österreich?« Ich: »Wir sind zwar eine Republik, schätzen aber unsere Kaiser.« Worauf Zhou Enlai freudig erwiderte: »Da sind die Österreicher ja ganz so wie die Chinesen. Auch wir sind eine Republik, schätzen aber unsere Kaiser.«

Das Eis war gebrochen und Zhou Enlai setzte fort: »Sie kommen also aus Wien? Diese schöne Stadt kenne ich. Das ist die Stadt mit der Kettenbrücke.« Ich korrigierte: »Das ist Budapest.« Zhou Enlai: »Ja, richtig. Wien ist die Stadt mit dem Springbrunnen im See.« Ich korrigierte: »Das ist Genf.« Zhou Enlai: »Hab mich schon wieder geirrt. Aber jetzt weiß ich es: Wien ist die Stadt mit der Burg am Berg.« Das dritte Mal wagte ich den Regierungschef Chinas nicht mehr zu korrigieren.

Im Verlauf des Gesprächs bekam ich eine große Lektion im strategischen Denken Chinas. Ich: »Was verschafft einem die Ehre dieses Empfangs, wo doch China so groß und beide Staaten so weit voneinander entfernt sind?« Zhou darauf: »Wir sind Nachbarn!« »???« »Wir sind Nachbarn, weil wir den gleichen Nachbar haben: sowjetische Truppen an unseren Grenzen.« (Das war die Zeit, als sogar ein Krieg zwischen der Sowjetunion und China in der Luft lag.)

Wenn es um die Wirtschaft geht, kann Peking auch sehr pragmatisch sein. Festlandchina ist Taiwans größter Exportkunde, ja noch mehr: 60.000 taiwanesische Firmen auf dem Festland bieten etwa neun Millionen Chinesen Jobs, darunter der Apple-Hersteller Foxconn, die Nummer 19 auf der Weltrangliste. Sogar in chinesische Krankenhäuser hat sich Taiwan-Kapital einkaufen können. Die Miteigentümer sollen sie effizienter machen. Und damit sich die über eine Million auf dem Festland stationierten Taiwanesen und deren Familien dort auch wohlfühlen und fleißig weiterinvestieren, duldet die Führung in Peking ein Stück Taiwan inmitten des kommunistischen Chinas: So haben in Dongguan an die 100.000 Taiwan-Familien eine eigenständige städtische Infrastruktur, darunter eine Schule, in der sogar Taiwan-Lehrkräfte nach taiwanesischen Lehrplänen unterrichten. (Die jüngere Geschichte ist ausgeklammert und wird dann daheim »nachgeholt«.) In Kunshan bei Schanghai ist ebenfalls ein Großteil der Infrastruktur auf die 100.000 dort lebenden Taiwanesen zugeschnitten. Spitzname: Klein-Taipeh. Der Immobilienboom in Schanghai, eine gefährliche Spekulationsblase, blüht mit taiwanesischem Kapital.

Im Zeichen des Hightech-Wettlaufs zwischen China und den USA ist Taiwan sogar zu einer Großmacht aufgestiegen: zur Supermacht der Chips. Der Konzerngigant TSMC (Taiwan Semiconductor Manufacturing Company mit 34 Milliarden US-Dollar Jahresumsatz) hält ein Quasi-Weltmonopol auf die allerletzte Generation von Super-Halbleitern, ohne die eine moderne Welt nicht mehr auskommt. Das wird zum Machtfaktor im Zeitalter der US-Sanktionen gegen China. 63 Prozent aller Chips weltweit kommen aus Taiwan. Sie versorgen neunzig Prozent der US-Industrie. Und natürlich hängen auch Chinas Hightech-Ambitionen von Chips aus Taiwan ab. Scherzt ein Regierungsbeamter in Taipeh: »Unser Verteidigungsschild besteht aus Silikon.«

Die Gründung von TSMC 1987 ist ein Musterbeispiel der Zusammenarbeit zwischen Staat und talentiertem Privatunternehmertum. Der Gründungschef aus Ningbo (heute Festlandchina) war bis 1984 bei Texas Instruments tätig. Dann folgte er einem Ruf nach Taiwan, um dort im Regierungsauftrag die Industrieforschung voranzutreiben. 1987 gründete er die halbstaatliche TSMC. Die Regierungen der rohstoffarmen Insel hatten frühzeitig erkannt, »dass Chips das Öl des 21. Jahrhunderts« sind.

Eine Unabhängigkeitserklärung Taiwans, so lässt Peking keinen Zweifel, wäre ein Kriegsgrund. Regelmäßige Militärmanöver um Taiwan sollen einschüchtern. Überhaupt ist Pekings Außenverhalten unter Staats- und Parteichef Xi Jinping ruppiger geworden. Das äußert sich im gesamten geografischen Raum Südostasiens. Die von Chinas Nachbarn beanspruchten Inseln im Südchinesischen Meer wurden von Peking mit einer Salamitaktik Schritt für Schritt besetzt und zu einer eigenen chinesischen Provinz zusammengefasst.

Der Internationale Schiedsgerichtshof in Den Haag wies 2006 die Gebietsansprüche Chinas auf die Inseln zurück, doch China ignoriert das Urteil. Der Gerichtshof stamme aus einer Welt, als diese noch den Kolonialisten und Imperialisten gehörten, heißt es in Peking. Niemand habe vor der Ankunft der Europäer bezweifelt, dass die Inseln zu China gehören. Seine Geografen hätten das Meer folgerichtig auch »Südchinesisches« genannt. Bei der Entkolonialisierung hätten die Europäer die Inseln einfach unter den Nachfolgestaaten aufgeteilt. US-Kriegsschiffe, die regelmäßig auf »freie Fahrt durch internationale Gewässer« pochen, hätten dort nichts verloren, wettert Peking, denn die chinesische Marine würde auch nicht im Golf von Mexiko vor der Küste der USA drohend aufkreuzen.

Das eigentliche Problem der Welt mit China ist nicht, dass sich das Reich der Mitte als Großmacht durchsetzen will, sondern damit, wie es das tut: immer öfter durch Militäreinsatz. China macht seine Ansprüche offensiv geltend. Supermacht-Allüren in der Ära Xi Jinping? Kein Zweifel: Das China des Xi Jinping rüstet auf, ist sich seiner wachsenden militärischen Stärke bewusst und lässt die Muskeln spielen. So ein Kurs kann auch ins Auge gehen und einen Weltbrand auslösen. Dennoch: Was ist gefährlicher für die Welt – ein übererfolgreiches China oder ein China, das scheitert und im Chaos versinkt? Ich meine, es sollte ein stabiles China sein, dessen Regime nicht selbst die Grundlagen für den Erfolg gefährdet.

KAISER IM GOLDENEN KÄFIG

Wie frei sind Weltenlenker? Während des Interviews mit Chinas Staatschef Jiang Zemin begann dieser plötzlich folgenden Monolog: »Sie haben doch die Menschen auf den Straßen in Beijing gesehen. Haben Sie in ihren Gesichtern Unzufriedenheit gesehen?« Ich antwortete: »Nein, ich sah sie wie wild in den Kaufhäusern das Geld ausgeben.« Jiang Zemin: »Da haben Sie es besser als ich. Ich habe kaum Gelegenheit, die Entwicklung Chinas mit eigenen Augen zu sehen. Ich komm hier kaum raus. Abends informiere ich mich bei meiner Frau. Die sieht den ganzen Tag TV und erzählt dann. Einmal wollte ich mich in einem Kaufhaus umsehen — inkognito. An einem nebligen Tag stellte ich den Kragenmantel hoch auf, zog die Kappe tief ins Gesicht und ließ mich in ein Kaufhaus im Stadtzentrum fahren. Aber schon beim Hineingehen kam es mir seltsam vor: Es war praktisch menschenleer. Als ich die Rolltreppen hochfuhr, sah ich in den dunklen Ecken aufmerksame Gestalten. Da wusste ich: Mein Besuch war der Staatssicherheit verraten worden!«

NAHOST – DIE MUTTER DER KRISEN

Die Israelis sind ein durch Kriege und Konflikte gestähltes Volk. Ein einziges Mal habe ich sie weinen sehen – vor Freude –, als am 19. November 1977 der ägyptische Präsident am Flughafen in Tel Aviv landete. Er reichte die Hand zum Frieden, aber der Kern des palästinensisch-israelischen Konflikts ist bis heute nicht gelöst. Sadat wurde dann 1981 durch die Hetze des iranischen Khomeini-Regimes ermordet.

Wer den Wurzeln des Urkonflikts dieser Region – »Dein Land ist mein Land« – auf die Spur kommen will, muss weit vor die Staatsgründung Israels 1948 zurückgehen, weiter noch als zum Arabischen Aufstand 1936 in Britisch-Palästina, zurück zu den Unruhen 1920 und 1921 und bis zum geheimen britisch-französischen Sykes-Picot-Abkommen 1916 noch mitten im Ersten Weltkrieg über die Aufteilung des Osmanischen Reiches. Die Briten säbelten sich aus der Konkursmasse unter anderem Palästina heraus. Dieser Zugriff stand im krassen Widerspruch zu

den Versprechen eines großen arabischen Königreichs, das die Briten ihren Verbündeten in deren
Aufstand gegen die Türkenherrschaft gegeben
hatten.

Auf den »Großen Verrat« folgte die nächste
Überraschung: Die »Balfour-Deklaration« von
1917 sicherte den Juden eine »nationale Heim-
statt« zu, deren Grenzen aber nicht genau fest-
gelegt waren. Die britische Mandatsmacht sollte
die jüdische Einwanderung ermöglichen, ohne
die Rechte nicht jüdischer Gemeinschaften zu
schmälern. 1920 gab es die ersten Unruhen, in
deren Verlauf vier Araber und fünf Juden ums Leben kamen. Dabei spielte schon damals der spätere Großmufti von Jerusalem, Mohammed Amin
al-Husseini, eine führende Rolle.

1936 brach der Arabische Aufstand aus, den
die Briten blutig niederschlugen, doch als Folge
beschränkte London die jüdische Einwanderung
in Palästina. 1937 legte eine britische Regierungs-
kommission erstmals einen Teilungsplan vor. Er
wurde von den Arabern abgelehnt – wie alle fortfolgenden. Einen späteren Teilungsplan lehnten
die jüdischen Gruppen ab. 1942 kündigte der Zio-
nistische Weltkongress die Allianz mit Großbri-

tannien auf und forderte einen jüdischen Staat in Palästina. Der Großmufti hatte sich durch seine Nähe zum Naziregime selbst diskreditiert.

Sofort nach ihrer Gründung begann in der UNO das Ringen um eine Palästina-Lösung. Die durch den Krieg geschwächten Briten saßen zwischen den Stühlen inmitten von blutigem Chaos. Die jüdische Terrororganisation Irgun verübte Massaker an Arabern, um sie zu vertreiben, sowie einen schweren Bombenanschlag auf das King David Hotel, den Sitz der Briten.

Am 19. November 1947 trat der Teilungsplan der UNO in zwei unabhängige Staaten in Kraft. Er wurde von den Arabern abgelehnt. Am 14. Mai um Mitternacht sollte das britische Mandat für Palästina enden, doch schon um 16 Uhr verkündete David Ben-Gurion die israelische Unabhängigkeitserklärung. Einige Stunden danach eröffneten die Armeen der arabischen Staaten einen Krieg gegen Israel. Es sollte nicht der einzige bleiben. Israel hat sich behauptet, die Palästinenser haben noch immer keinen Staat.

Die Nahostpolitik ist seit Jahrzehnten von gegenseitigen Schuldzuweisungen geprägt. Der frühere israelische Außenminister Abba Eban prägte einmal den Satz: »The Arabs never miss an opportunity to miss an opportunity« (die Araber/Palästinenser versäumen nie eine Gelegenheit, eine Gelegenheit zu versäumen) für eine Friedenslösung. Die Palästinenser sind eine Willensnation der Araber, die auf palästinensischem Boden leben.

Der Konflikt mit Israel war immer auch ein innerarabischer Konflikt. Er half autoritären Regimen, sich im Sattel zu halten, obwohl sie gar nicht willens waren, sich auf die versprochene »Befreiung Palästinas« einzulassen. Nach wiederholten Misserfolgen arabischer Armeen setzten sich Freischärlerorganisationen als Träger des Widerstands durch, deren führender Exponent die Fatah des Jassir Arafat wurde. Nach zwei vergeblichen Versuchen, eine Art von palästinensischem Ersatzstaat auf Basis der Flüchtlinge erst in Jordanien und dann im Libanon zu gründen, wurde der Fatah-Führer nach Tunesien vertrieben. Es waren dies auch die Jahre der Flugzeugentführungen und des mörderischen Terrors.

Einer jedoch glaubte, auch mit Arafat eine Nahostlösung vermitteln zu können: Bruno Kreisky. »Wer Frieden will, kann sich den Führer der Pa-

PFEFFERMINZZUCKERL
VON ARAFAT

Es war in Abu Dhabi, wo der Emir
Zayed Bundeskanzler Kreisky erstmals
mit Jassir Arafat, damals noch im Un-
tergrund, zusammenbrachte. Nach dem
Gespräch näherte ich mich dem Gue-
rillaführer und bat um ein Interview.
Arafat fuhr aber mit der Hand zu seinem Pistolenhalfter (mit Inhalt). Was
hatte ich nur angestellt?! Aber kein
Grund zur Panik, denn die Hand fuhr
weiter in die Hosentasche. Arafat zog
ein Pfefferminzzuckerl heraus, drück-
te es mir grinsend in die Hand und
verschwand wortlos.

lästinenser nicht aussuchen. Arafat ist es«, erwiderte der Bundeskanzler auf die Kritik aus Israel. Ich konnte bei den legendären Arabien-Reisen seine Bemühungen, Arafat zu mäßigen, verfolgen. Tatsächlich kam es später, aber erst nach der Ära Kreisky, in Oslo zu einem erstaunlich weitreichenden Lösungsabkommen zwischen Israel und Arafat. Die Palästinenser erhielten eine Selbstverwaltung und eine Autonomieregierung unter Arafat.

Ich unternahm im September 2000 eine Reise mit dem damaligen Wiener Bürgermeister Häupl durch israelische und vor allem palästinensische Städte. Man konnte sich im ganzen Land frei und ohne Sicherheitsrisiko bewegen. Wir übernachteten in der palästinensischen Stadt Nablus. Ich schrieb einen großen Bericht über das »Friedenswunder« in Nahost. Der Bericht war noch nicht veröffentlicht, da brach am 28. September der terroristische Aufstand der zweiten Intifada aus (wörtlich »Abschüttelung« der israelischen Herrschaft), offiziell ausgelöst durch den provokanten Besuch des israelischen Scharfmachers General Sharon am Tempelberg (für die Moslems das Heiligtum der Al-Aksa-Moschee). Inoffiziell stellte

sich aber heraus, dass der Aufstand von Arafat ge-
schürt worden war, um doch noch Maximalziele
zu erreichen, darunter (Ost-)Jerusalem als Hauptstadt. Die israelische Regierung machte ihn persönlich verantwortlich und stellte ihn in seinem
Amtssitz in Ramallah unter Hausarrest. 2004
verschlechterte sich sein Gesundheitszustand
dramatisch. Arafat wurde zur Spitalsbehandlung
nach Paris ausgeflogen, wo er starb.

Die beiden »Oslo-Abkommen« 1993 und 1995
hatten schon vorher nur noch auf dem Papier
Bestand, und zwar vermutlich seit der Ermor-
dung von Ministerpräsident Rabin durch einen
jüdischen Extremisten 1995. Der Oslo-Friedens-
prozess war an seine Person gebunden gewesen
und an seine Autorität als geläuterter Hardliner-
General. Ein palästinensischer Vertrauter sagte mir später: »Ich sah Arafat, als die Nachricht
kam, und er murmelte: ›Es ist vorbei, es ist vorbei.‹ Er ahnte, dass sich das politische Spektrum
in Israel nach rechts verschiebt, zu Netanjahu
und Sharon, die geschworen hatten, ›Oslo‹ zum
Scheitern zu bringen.« Schuldlos war aber auch
Arafat nicht. Er hatte so lange gezündelt, bis
die zweite Intifada außer Kontrolle geriet. Ara-

fat war gescheitert, weil er den Übergang von einem Freischärlerführer zu einem Staatsmann nicht geschafft hatte. Ein Staatsmann muss die Fähigkeit zum Pragmatismus und zu ungeliebten Kompromissen besitzen.

Unter Arafat-Nachfolger Mahmud Abbas setzte der politische Niedergang der Palästinenser ein. Seine Autonomieregierung in Ramallah geriet in eine politische Sackgasse beziehungsweise ließ sich in eine solche drängen, aus der sie nicht mehr herausfindet. Zur treibenden Kraft wurde die militante Hamas im Gazastreifen und sie entfesselte mit iranischer Hilfe einen neuen Kreislauf der Gewalt. US-Präsident Trump begrub dann den Traum einer Zwei-Staaten-Lösung.

Zuletzt zeichnete sich in Nahost aber eine spektakuläre Wende ab, die man noch vor Jahren nicht für möglich gehalten hätte. Arabische Staaten brechen aus der Ablehnungsfront heraus und öffnen sich Israel: die Vereinigten Arabischen Emirate, Bahrain, Marokko sowie Saudi-Arabien auf inoffizieller Basis. Diese Welle der Normalisierung hat den Namen »Abraham-Übereinkunft« erhalten, unter Berufung auf den gemeinsamen Urvater Abraham. Die Palästinenser spielen nur noch eine

KEIN GLAS WASSER FÜR GOLDA MEIR

Israels »Eiserne Großmutter« Golda Meir galt als scharfe Kritikerin der Nahostdiplomatie Bruno Kreiskys mit Jassir Arafat. Bei ihrer Intervention im Bundeskanzleramt spielten sich Schreiduelle ab, die sogar noch außerhalb der dicken Barocktüren zu hören waren. Um Mitternacht stürmte Meir heraus und flog nach Israel zurück. Dort schilderte sie gegenüber Radioreportern ihre Horrorerlebnisse, die in dem berühmt gewordenen Satz gipfelten: »Man bot mir nicht einmal ein Glas Wasser an.« Weniger bekannt ist, wie Kreisky darauf reagierte. Da ich das Privileg hatte, morgens beim Bundeskanzler Telefonaudienzen zu bekommen, tat ich dies und konfrontierte Kreisky mit diesem Satz. Der Kanzler, hörbar das Frühstückskipferl schmausend, schoss wie aus der Pistole zurück: »Sie hat auch keines verlangt!«

»I AM YOUR CENSOR«

Heikle Szenen mit der Obrigkeit haben sich immer wieder abgespielt. Während des Nahostkriegs 1973 war ich einer der wenigen Kriegsreporter auf ägyptischer Seite (nach einer zweitägigen Taxifahrt auf den Spuren Rommels vom libyschen Bengasi kommend über Tobruk nach Kairo). Dort angekommen gab es so gut wie keine Verbindungsmöglichkeiten zur Redaktion. (Die beste Geschichte eines Journalisten ist nichts wert, wenn die Redaktion davon nichts erfährt.) Ein angemeldetes Telefongespräch kam nach 48 zermürbenden Stunden um zwei Uhr früh zustande. Kaum ging es los, unterbrach eine Stimme: »Do you have permission to speak?« (Haben Sie eine Erlaubnis zum Sprechen?) Ich, ziemlich entnervt, brüllte hinein: »No. Who are you?« (Nein. Wer sind Sie?) Antwort: »I am your censor.« (Ich bin Ihr Zensor.) Damit war die Verbindung auch schon beendet.

Nebenrolle. Sie haben bei den Golfarabern keinen guten Ruf und bekommen die Rechnung für ihre Kungelei mit radikalen Regimen wie von Saddam Hussein im Irak oder den Ajatollahs im Iran präsentiert. Die Golfaraber schätzen an Israel seine militärische Kraft als Schutzschirm gegen den Iran und seine Wirtschaftskraft für das Ausleben arabischer Handelsleidenschaft.

Die Enttäuschung und Wut der Palästinenser über diesen »arabischen Verrat« lösten in Israel eine neue Terrorwelle aus. Das veranlasste die israelische Regierung zum massiven Ausbau des Anti-Terror-Walls zu den Palästinensergebieten.

DIE KRISE DER ISLAMISCHEN WELT

In dem Krisenamalgam unter dem islamischen Halbmond paart sich das »islamische Erwachen« mit notorischem Staatsversagen. Kranke Staaten sind der Nährboden für terroristische Heilslehren. Die Emanzipation der islamischen Welt von der kolonialen Abhängigkeit hatte den Völkern nicht die Freiheit, sondern vielfach den Albtraum der Herrschaft von Tyrannen gebracht. »Nicht Ost, nicht West – der Islam ist die Lösung«, lautete dann gegen Ende des 20. Jahrhunderts etwa die Parole der Moslembrüder und anderer Dschihadisten als Antwort auf das Versagen des »arabischen Sozialismus«.

Signifikant für die Widersprüche in dem rückwärtsgewandten Dschihadismus (heißt: Glaubensanstrengung, Heiliger Krieg) sind die Verbindung des Terrors mit dem Gebrauch von modernsten Waffen sowie die Verbreitung von Glaubensbotschaften mit den modernsten Mitteln der Massenkommunikation. Terror im Namen Gottes hat aber der islamischen Welt auch nicht den erhofften Ausweg gewiesen. Islamistischer Terror fordert in der islamischen Welt tausendmal mehr Opfer als im Westen. Es ist ein Ringen im Islam selbst, der mit der modernen Welt nicht fertigwird.

Kann sich der Islam befreien?

Gibt es einen Weg, dass sich die islamische Welt aus der Gefangenschaft ihrer Ignoranz befreit? Der Professor für islamische Religionspädagogik der Universität Wien, Ednan Aslan, kritisiert die politischen Regime als Hemmschuh: »Die Religion wird von ihnen als Machtmittel missbraucht. Wenn Völker nicht in der Lage sind, ihre Zukunft zu gestalten, suchen sie die Rettung in der Vergangenheit. Es gibt eine Krise, weil die Moslems in einer modernen Gesellschaft nicht wissen, was sie vom Koran erwarten können und was nicht. Nun gibt es Kräfte, die diese Krise missbrauchen und den Menschen Angebote machen, die einfach nicht realistisch sind.« Professor Aslan verbindet die Krise mit der Bildungsfrage: »In der heutigen Welt der Wissenschaft produziert die islamische Welt höchstens fünf Prozent des Wissens. In dieser Krise kommen immer wieder Personen, die predigen, wir waren einst den anderen voraus, wurden aber zurückgedrängt. Dadurch vermeidet man eine aktuelle Debatte, welche die Führer der Staaten auch nicht wollen, denn sie würde unweigerlich ihre Stellung tangieren ... Die Moslems müssen endlich die Opferrolle ablegen, denn der Islam droht, die Zukunft zu verlieren.«

Vom Scheitern der militanten Fundamentalisten, durch Terror eine Vorherrschaft im Islam herbeizubomben, spricht der in Kairo geborene deutsche Islamexperte Hamed Abdel-Samad in seinem Buch *Der Untergang der islamischen Welt*. Der Islam, so der Autor, schuf sich selbst die Hindernisse für seine vielfältigen Probleme mit der modernen Welt: Demokratiedefizit, Armutsproblem (gepaart mit Bevölkerungsexplosion), Frauenfrage. Ohne die Integration der Frauen ist in diesem Jahrtausend keine moderne Gesellschaft möglich. Statt die Defizite aufzuarbeiten, sehnen sich Islamisten, so der Autor, »zurück in den Mutterschoß«, in das »Goldene Zeitalter« des Islam von 700 bis 1300, in dem der Islam übrigens die moderne Welt angeführt hat. Seither ortet der Autor Fehlentwicklungen, die zu einem gigantischen Reformstau geführt haben.

Zitate: »Sie machen den Westen verantwortlich, obwohl die Osmanen mehr zur Rückständigkeit der arabischen Welt beigetragen haben als die europäischen Kolonialmächte ... Zwei Eigenschaften hatten die Araber im Goldenen Zeitalter, die sie verloren haben: Selbstbewusstsein und eine hohe Integrationskraft für das Wissen anderer. Sie hatten keine Berührungsängste mit den Andersgläubigen und nutzten deren Expertise als Übersetzer oder Forscher. Sie ließen die Werke der Antike ins Arabische übertragen ... Je mehr sich die Muslime von der Zeit des Propheten entfernten, desto unantastbarer wurde der Koran und desto stärker hingen die Muslime an seinen Buchstaben fest; eine Haltung, welche die Reform des Islam bis heute verhindert ... Die Rückkehr zum radikal konservativen Islam ist für Muslime, die in Schwierigkeiten geraten, der kürzeste Weg ... Die meisten Attentäter waren ›verwestlicht‹ und kippten in der Fremde in die Radikalisierung um ... Für das chronische Beleidigtsein der Muslime ist ihr Selbstbild verantwortlich. Sie sehen sich noch immer als Träger einer Hochkultur und können sich nicht damit abfinden, dass sie eine führende Position in der Welt längst verloren haben.«

Ich bin der Meinung, dass der Islam sehr wohl einen quälenden Prozess durchmacht, sich an die moderne Welt anzupassen, und dass die militant-fundamentalistische Ausrichtung eine Gegenreaktion, ein Rückfall, auf den Druck der Anpassung ist. Die Moderne ist ein Schock in einer Glaubenswelt, die nie ein Zeitalter der Aufklärung durchgemacht hat. Die terroristisch-revolutionären Ausformungen sind auch eine Folge und Antwort erstens des arabischen Nationalismus auf die europäische Kolonialisierung sowie zweitens des iranischen Nationalismus auf die Brachialverwestlichung durch Schah Mohammad Reza. Immer neue Nahrung erhält der islamische Fundamentalismus durch die Nichtbewältigung der sozialen Frage, die fehlende Industrialisierung und die mangelnden modernen Bildungseinrichtungen in den Staaten des Orients und der Dritten Welt. Überhaupt kommen staatliche Institutionen ihrer Aufgabe nur unzureichend nach. Wenn der Staat die Schulbildung reaktionären Koranschulen überlässt, kann man nichts anderes erwarten.

Ihren politischen Ausdruck finden die revolutionären Strömungen in der Bewegung der Moslembrüder, gegründet von dem ägyptischen Lehrer Hasan al-Banna auf sunnitischer Seite, und den »Militant Clerics« des iranischen Ajatollah Ruhollah Khomeini auf schiitischer Seite. Religiöse Fragen des Islam sind grundsätzlich eng mit politischen verbunden, da die Lehre Mohammeds auch eine über die Gestaltung eines rechtgeleiteten Staates ist. Dort ist für den Aufbau einer modernen Demokratie so gut wie kein Platz. Theologische Reformen sind im Islam schwieriger als im Christentum, da die Bibel eine Erzählung über Gott ist, während der Koran das Wort Gottes ist.

Am Niedergang und Verfall der islamischen Welt sind nicht die westlichen Imperialisten und Kolonialisten schuld. Ganz im Gegenteil: Sie haben den Islam aus seinem Schlaf geweckt – mit all den Folgen seither. Dennoch fand ich es einen Akt mit großer Symbolkraft, als 2014 das IS-Kalifat bei seiner Ausbreitung in Syrien und im Irak demonstrativ die Grenze zwischen jenen beiden Staaten niederwalzte, die von den Briten (Irak) und Franzosen (Syrien) aus der Konkursmasse des Osmanischen Reiches 1920 gezogen worden war.

Iran – die heilige Erstarrung

Der offene Konflikt des militant-fundamentalistischen Islam mit dem Westen nahm seinen Ausgang 1979 mit der Machtergreifung der »Militant Clerics« des Ajatollah Khomeini im Iran und erreichte mit 9/11, dem Terrorangriff der Al Kaida auf die New Yorker Zwillingstürme (»Tempel der Ungläubigen«) und das Verteidigungsministerium in Washington, seinen Höhepunkt. Beide Bewegungen waren aus inneren Konflikten ihrer Staaten hervorgegangen.

Im Iran war der Schah zu einem Befehlsempfänger Washingtons und zu einem grausamen Tyrannen geworden, nachdem ihm die USA 1953 den Thron vor einer nationalrevolutionären Bewegung gerettet hatten. Sein Sturz bestätigte die These des französischen Politologen Alexis de Tocqueville (1805 – 1859): »Der gefährlichste Moment für schlechte Regierungen ist, wenn sie sich bessern wollen.« Tatsächlich lockerte der Schah nach gutem Zureden von US-Präsident Jimmy Carter und der Krebsdiagnose in Wien durch Professor Karl Fellinger (»König der Ärzte, Arzt der Könige«) seinen festen Griff im Land. Viel schlimmer noch: Die Iraner sahen ihren gottgleichen Herrscher weinen – wegen einer Tränengaswolke gegen Demonstranten vor dem Weißen Haus. Erstmals hörten sie auch seine besonders weiche Stimme. Die Autorität war geschwunden, ebenso die Angst und die Demonstrationen setzten ein.

Der Fall des Schah-Regimes und die Machtergreifung Khomeinis im Februar 1979 entwickelten sich zu einer Massenhysterie. Ich war in Teheran, als im Hof der Residenz die neuen Parlamentsabgeordneten der Islamischen Republik vereidigt wurden. Als Khomeini die Bühne betrat, begannen an die 300 Männer, vor Ergriffenheit laut schluchzend zu heulen. Wie tiefgreifend diese Islamische Revolution war und ist, zeigt der Umstand, dass das Regime in den 43 Jahren seiner Macht keine innere Wandlung vollzogen hat. Nach wie vor ist der »Rahbar« (Führer), heute in der Person des Khomeini-Nachfolgers Ajatollah Khamenei, das oberste politische und religiöse Organ des Staates. Er ist aber nur Statthalter des im Verborgenen lebenden zwölften schiitischen Imam. Dieser ist das eigentliche Staatsoberhaupt.

Der Imam Muhammad ibn al-Hassan war Ende des 9. Jahrhunderts der Welt entrückt und wird in der Endzeit als »Mahdi« (Messias) zurückkehren. Der Erlöser soll Mohammeds Werk vollenden. Das Regime in Teheran und der heiligen Stadt Ghom sieht seine Aufgabe darin, auf Vorzeichen zu achten und den Iran als Landebahn für den Mahdi bereitzuhalten. Die Schiiten werden von fundamentalistischen Sunniten als Ketzer betrachtet. Die Gegenmacht auf der anderen Seite des Persischen Golfs ist das sunnitische Saudi-Arabien. Der König ist offiziell »Hüter der beiden heiligen Stätten« Mekka und Medina.

Teheran und die Atombombe

Mit der iranischen Bombe beziehungsweise mit der Fähigkeit, sie bei Bedarf rasch zusammenzubauen, muss jederzeit gerechnet werden. Es geht lediglich darum, dass Israel letztlich alles daransetzen würde, dies zu verhindern. Zwar hat Irans oberster Führer Ajatollah Ali Khamenei zweimal das Streben nach einer Atombombe bestritten und den Besitz von Massenvernichtungswaffen als »haram« (etwas Verbotenes) verdammt, doch gilt im Schiismus – aus seiner Leidensgeschichte der Unterdrückung heraus – auch das Wort »Taqiya« (Vorsicht, Absichten verbergen).

Besuch beim iranischen Präsidenten
Mohammad Khatami in Teheran

Präsident Khatami sagte mir einmal bei einer Islamkonferenz in Kuala Lumpur (Malaysia), der Iran sei selbst ein Opfer von Massenvernichtungswaffen geworden, als Iraks Saddam Hussein im ersten Golfkrieg Giftgas einsetzte und Hunderttausende iranische Kindersoldaten starben. Der Iran wisse, so Khatami, wer Atomwaffen besitzt, ist auch das Ziel von Atomwaffen. Ein iranischer Journalist machte mir gegenüber aber auch eine andere Rechnung auf: »Stellen Sie sich vor, Sie stehen am Hauptplatz von Teheran. Richtung Osten haben wir Pakistan mit Atomwaffen, Richtung Norden Russland mit Atomwaffen, Richtung Westen Israel mit Atomwaffen und Richtung Süden die US-Flotte im Golf mit Atomwaffen. Ausgerechnet von uns fordert man atomare Abstinenz.«

Israel und die USA erklären, es gehe nur darum, dass dieses Regime, dessen Revolutionsgarden nicht müde werden, die Zerstörung Israels anzudrohen, nicht in den Besitz von Atomwaffen kommt. Sollte das Regime in Teheran den Besitz von Atomwaffen bekannt geben (Israel tut es nicht), würde das unweigerlich einen atomaren Rüstungswettlauf im Mittleren Osten auslösen.

Saudi-Arabien, Ägypten und die Vereinigten Arabischen Emirate gelten als »Kandidaten«.

Das Schlüsseljahr 1979

Das Jahr 1979 wird von immer mehr Historikern als das Schlüsseljahr des ausgehenden 20. Jahrhunderts betrachtet, als das Jahr, in dem »die Welt von heute begann«, so der Autor Frank Bösch in seinem Buch *Zeitenwende 1979*. Am 20. November 1979, dem Vorabend des neuen islamischen Jahres 1400, ereignete sich in Mekka, von der Iranischen Revolution inspiriert, etwas Ungeheuerliches: der Sturm von Hunderten Fundamentalisten mit Massengeiselnahme auf die Große Moschee, die Geburtsstätte des Islam. Ein Informant schilderte mir später den Ablauf: Viele Besucher der Moschee waren an diesem Tag wegen des herausragenden Datums ohnehin von Endzeitstimmungen geplagt, da stürmten die Täter, darunter Dutzende aus dem Iran, vor 50.000 Gläubigen die Kanzel und riefen die Menge auf, den Anführer als den Mahdi anzuerkennen. Das Weltenende stehe unmittelbar bevor. Als die Techniker das

Mikrofon abschalteten, begannen sie, wild um sich zu schießen. Massenpanik brach aus. Viele Pilger wurden erdrückt, denn 65 der 68 Ausgänge waren verschlossen. Die Überlebenden wurden in den Wandelgängen zusammengetrieben. Die Saudi-Regierung antwortete mit einem Großangriff. Allein am ersten Tag starben an die 300 Pilger. Die Fundamentalisten zogen sich in die uralten, tiefen Katakomben zurück und verschanzten sich dort. In Sprechchören setzten sie das saudische Königshaus ab und erklärten sich zu den Beschützern der Kaaba. Zwei Wochen lang wurde in den Katakomben gekämpft (und auch Giftgas eingesetzt). Da die Saudis mit eigenen Kräften der Lage nicht Herr wurden, riefen sie Spezialisten aus Frankreich. Viele der gefangenen Terroristen wurden später geköpft.

Das Jahr 1979 mit der Machtergreifung der Islamisten im Iran und dem Sturm von Fundamentalisten auf die Große Moschee war eine Zeitenwende. Es war die Geburtsstunde des islamistischen Terrors. Es leitete in Saudi-Arabien durch das vorsichtig gewordene Königshaus über Jahrzehnte einen scharfen Kurswechsel zurück zum strengen Islam ein, der erst in diesen Jahren durch Kron-

KREISKY ALS PROPHET

Unergründlich ist der Orient: 1980 unternahm Bundeskanzler Kreisky (begleitet von Schwedens Olof Palme und Spaniens Felipe González) den – unbedankten – Versuch, im revolutionären Hexenkessel von Teheran die amerikanischen Botschaftsgeiseln freizubekommen. Den Abschluss und Höhepunkt der Gesprächsreihe mit iranischen Politikern bildete das Treffen mit dem damaligen starken Mann des Regimes, Ajatollah Beheshti (Spitzname: Ajatollah Rasputin). Beheshti sprach als langjähriger Imam von Hamburg das deutscheste Deutsch wie aus dem Bilderbuch.

In Teheran herrschte unerträgliche Hitze, als Kreisky auf dem Besuchersofa Beheshtis Platz nahm. Das Gespräch wollte gar nicht in Gang kommen, während sich Kreisky mit seinem bekannt großen weißen Taschentuch den Schweiß aus dem Gesicht wischte.

Endlich fand Beheshti die ersten Worte: »Ja, ja, Herr Bundeskanzler, es ist heiß in Teheran.« Kreisky seufzte und wischte weiter. Beheshti wurde politisch und betonte deutlich: »Es ist sehr heiß in Teheran.« In diesem Augenblick war für Kreisky klar, dass seine Mission gescheitert war und er in Teheran nur mit billigen Sprüchen hingehalten wurde. Zornesröte stieg in seinen Kopf. Die funkelnden Augen wurden ganz schmal und Kreisky zischte betont abschätzig in tiefstem wienerischen Dialekt: »Wissen'S wos, Herr Beheshti, bei uns z'haus in Wien gibt's a Sprichwurt: Wer schwitzt, is' g'sund. Sie schwitzen net, Herr Beheshti!«

Wochen später flog Ajatollah Beheshti bei einem Bombenanschlag in die Luft. Kreisky war nicht der Täter, aber sein Fluch hatte gewirkt.

prinzregent Mohammed bin Salman gelockert wurde. Es motivierte die Führung der kommunistischen Sowjetunion zur verhängnisvollen Invasion Afghanistans Ende dieses Jahres aus Sorge vor einem Übergreifen des Islamismus auf die Moslems im eigenen Land. Und es schuf den Nährboden für die spätere Terrororganisation Al Kaida.

Saudi-Arabien und Al Kaida

Wer durch Saudi-Arabien reist, ist unübersehbar mit großen Schildern mit der Aufschrift »Bin Laden« konfrontiert. Es handelt sich um eine Dynastie von Baulöwen, die das Königreich zubetonieren. Selbst als Präsidenten der Handelskammer von Dschidda traf ich einen Bin Laden. Er war ein Bruder des »missratenen Sohns« des Familienklans, Osama bin Laden, der Nummer 17 unter 57 Stiefbrüdern und Stiefschwestern.

Der Gründer des Terrornetzwerks Al Kaida (heißt: die Basis, das Fundament) hatte sein Schlüsselerlebnis bei der sowjetischen Invasion in Afghanistan. Dort unterstützte er dann in den 1980er-Jahren die Hilfe der Saudi-Führung für die

Mudschahedin, die Widerstandskämpfer, in Afghanistan im Krieg gegen die Sowjets. Im Zweiten Golfkrieg, jenem der USA 1990 gegen Saddam Hussein zur Befreiung von Kuwait, brach er mit dem saudischen Königshaus. Er warf ihnen ein Sakrileg vor, weil sie es zuließen, dass die US-Truppen (»Kreuzzügler«) auch von Saudi-Arabien aus den Angriff führten. Laut dem Koran darf es auf dem Boden der beiden heiligen Stätten Mekka und Medina keine Aktivitäten von Ungläubigen geben. Saudi-Fundamentalisten beziehen das Verbot auf das ganze Land, manche sogar auf die gesamte Arabische Halbinsel. Die US-Truppen hatten sogar Feldrabbiner!

Osama bin Laden erklärte in einer Fatwa, einem religiösen Urteil, den USA den Dschihad und das Töten von US-Bürgern und Verbündeten der USA zur religiösen und »vornehmsten« Pflicht jedes Moslems – zur »Selbstverteidigung des Islam«. Seine Botschaft an die »Ungläubigen«: »Der Himmel lacht, wenn wir eine Tat verüben. Die muslimische Nation wirft euch ihre Söhne entgegen!« Der selbst ernannte Prophet startete einen geradezu militärisch organisierten Terrorfeldzug gegen die USA. Noch vor dem New Yorker 9/11, der sich im Gedächtnis der Welt als Symbol islamistischen Terrors eingeprägt hat, waren die massiven Terroranschläge gegen die US-Botschaften in Nairobi und Daressalam die grausamen Vorboten gewesen und schon 1993 hatte es einen ersten Bombenanschlag auf das World Trade Center in New York gegeben.

»Schiitischer Halbmond«

Die Al Kaida und die unbesonnene Reaktion der USA brachten es fertig, so gut wie in der gesamten islamischen Welt das Feuer der Radikalität zu entfachen. Das gilt im Besonderen für das »schiitische Erwachen«. Das »Mutterland« Iran verschaffte sich Einfluss im sogenannten »schiitischen Halbmond« von Iran über Syrien bis Libanon und Gaza – mit Zielrichtung Israel. Die Schiiten waren in der islamischen Welt über Jahrhunderte eine unterprivilegierte, zuweilen schwer verfolgte Minderheit gewesen, im Iran jedoch die staatstragende Mehrheit.

Als Erstes etablierte sich der Iran als Schutzmacht der schiitischen Hisbollah (heißt: Partei

Gottes) im (Süd-)Libanon. Dort war im Bürgerkrieg 1975 – 1990 in dem multiethnischen und multikonfessionellen Staat die Vorherrschaft der maronitischen Christen gebrochen worden. Gewinner waren letztlich die Hisbollah-Milizen, die Scheich Nasrallah als Speerspitze gegen Israel gegründet hatte. Die Hisbollah ist heute Teil der libanesischen Regierung und dort das bestimmende Element. Saudi-Arabien unterstützt die Sunniten und in Maßen die Christen. Es findet also im Libanon ein Stellvertreterringen statt, das die Wirtschaft und Politik dieses Landes – einst die »Schweiz des Orients« – blockiert und ruiniert.

Die dritte Kraft im libanesischen Bürgerkrieg war das syrische Regime von Assad (Vater). Das Regime entstammte der Minderheit der Alawiten, einer schiitischen Sekte. Es war und ist aus eigenem Interesse an einem Gleichgewicht der Kräfte, besser gesagt an einem Gleichgewicht des Schreckens, im Libanon interessiert. Schon während des Bürgerkriegs sagte mir ein libanesischer Politiker: »Das ist hier noch gar nichts im Vergleich zu dem, was sich abspielen wird, wenn es in Syrien einmal losgeht.« Es erfüllte sich seine Prophezeiung – oder sein Fluch?

CAMPARI SODA ZUM KRIEG

Szenen grausamer Skurrilität konnte man im libanesischen Bürgerkrieg erleben. So 1982 auf der Terrasse des Alexandre Hotel im christlichen Stadtteil Ashrafieh, wo der livrierte Oberkellner uns Reportern eisgekühlten Campari Soda servierte, während unten an der sogenannten »Grünen Linie« im Stadtzentrum die Kämpfe tobten und die israelischen Belagerungspanzer von General Sharon die Palästinensermilizen zusammenschossen. Der Transport in den Bürgerkrieg hatte übrigens von Zypern aus mit der Fähre nach Dschunnieh im christlichen Landesteil nördlich von Beirut geführt.

Syrien – Leben im Totenhaus

2011 war es so weit: Der Krieg in Syrien begann aus dem Nichts und endete mit der Zerstörung des Landes. Auslöser war ein friedlicher Protest von Jugendlichen in der Kleinstadt Dar'a, die in Begeisterung über den Arabischen Frühling Anti-Assad-Parolen an eine Wand schmierten. Sie wurden verhaftet und schwer gefoltert, entsprechend den Worten, die mir einmal der syrische Verteidigungsminister General Mustafa Tlas in seiner Selbstbewusstheit sagte: »Das Volk muss Angst haben, damit Widerstand gar nicht erst aufkommen kann.« Diesmal kam es jedoch zu Demonstrationen der Eltern vor dem Gefängnis. Die Jugendlichen wurden freigelassen. Die Schilderung ihrer Erlebnisse fachte eine Massendemonstration an. Das Assad-Regime sendete Kampfhubschrauber, die in die Menge feuerten. Damit war das Tor zur Hölle geöffnet. Teile der Regimearmee spalteten sich als Freie Syrische Armee ab.

Schritt für Schritt gewannen die radikalen Kräfte des Dschihadismus Einfluss und spalteten das Land in Einflussgebiete. Die »Volksverteidigungskräfte« der Kurden im Nordosten errichteten (bis heute) praktisch eine Art eigenes Staatswesen. Das Assad-Regime etablierte sich als Sachwalter der religiösen und ethnischen Minderheiten – eine inoffizielle Koalition.

2013 eroberte die islamistische Untergrundmiliz Islamischer Staat (IS) die zentralsyrische Provinzstadt ar-Raqqa und startete von dort einen Eroberungskrieg über weite Gebiete Syriens und später des Irak. Als das Assad-Regime in Bedrängnis geriet, griff Russland ein beziehungsweise kehrte in die früheren Stützpunkte der Sowjetunion zurück. Da war der Bürgerkrieg schon längst zu einem Stellvertreterkrieg des Auslands geworden. Der Iran unterstützte das glaubensverwandte Assad-Regime.

Die USA hatten sich gründlich verrechnet. Sie wollten den Bürgerkrieg »ausbrennen« lassen, bis er sich selbst erschöpfte. Sie rechneten nicht mit dem Zupacken von ausländischen Kräften wie Iran, Saudi-Arabien, Russland und der Türkei, um das Feuer am Brennen zu halten. Die US-Regierung entschloss sich schließlich zum Kampf gegen den IS, der auch bis auf wenige Rückzugsinseln sein Territorium verloren hatte.

Der Krieg in Syrien ist dann tatsächlich »einge-
schlafen«. Das Assad-Regime kontrolliert zwei
Drittel des Landes mit den Bevölkerungszentren,
die Kurden den Nordosten und im Nordwesten
gibt es ein eingekesseltes Territorium von diver-
sen Dschihadisten. Außerdem hat die Türkei an
der Grenze auf syrischer Seite eine Pufferzone.

Aufstieg und Fall des IS-Kalifats

Es war der 1. Mai 2003, als US-Präsident Bush auf
dem Flugzeugträger »Abraham Lincoln« den Sieg
über Iraks Saddam Hussein verkündete: »Mission
Accomplished.« Keine Spur von »erfüllt«! Am 29.
Juni 2014 tauchte ein neuer Gegner auf, den die
Amerikaner selbst geschaffen hatten: Abu Bakr al-
Baghdadi. Der Mann, der sich zum Kalifen (Führer der sunnitischen Moslems) ausrief, kam aus
dem US-Militärgefängnis in Bagdad. Bald hatte
die IS-Terrormiliz den ganzen Nordirak bis vor
die Tore von Bagdad überrannt. Die von den USA
aufgebaute neue irakische Armee rannte davon.

Wie hatte das geschehen können? Washington
hatte keine Ahnung von der inneren Struktur des

Iraks, dass zum Beispiel Präsident Saddam Hussein zugleich der Führer der sunnitischen Minderheitselite im Irak war. Die USA entwaffneten (nur unzureichend) Saddams sunnitische Truppen und schickten sie nach Hause. Der von den USA eingesetzte schiitische Regierungschef al-Maliki führte ein Vergeltungsregime gegen die Sunniten. Das alles war das giftige Gebräu, aus dem der Kalif seinen Terrorstaat rührte, unter dem Motto »Mit Feuer und Schwert zurück in das Goldene Zeitalter des Islam«. Als dann noch der Bürgerkrieg in Syrien dem Höhepunkt zustrebte, konnte das IS-Kalifat dort nach und nach auch die (sunnitischen) Widerstandsgruppen gegen das alawitisch-schiitische Assad-Regime inhalieren. Das alles entwickelte sich zu einem albtraumhaften Tugendterror, der in grausamen Mordorgien gipfelte, und übte eine seltsame Anziehungskraft auf die Identitätskrise von Moslems in der westlichen Welt aus. Zu Tausenden strömten sie in ihren Pseudostaat, um sich das Paradies zu verdienen. Jeder Kleinkriminelle konnte sich dort als Übermoslem aufführen.

Interessanterweise gelang es dem IS nicht, in Palästina Fuß zu fassen. Einerseits sind die Palästinenser zu gescheit dazu, andererseits duldet die

Hamas in Gaza keine Konkurrenz und Israel sorgt für das Übrige. Terror kann viel Unheil anrichten, Terrororganisationen haben aber letztlich keinen Erfolg. Es hat sich noch jede Terrororganisation selbst zu Tode gemordet und so wird auch die Fortsetzung des IS-Kalifats, das Cyberkalifat im Internet, keine Zukunft haben.

Glück und Ende des Arabischen Frühlings

Auch für den Arabischen Frühling gilt der Satz »Kleine Ursache, große Wirkung«. Er brach im Dezember 2010 mit dem Sturz des tunesischen Diktators Ben Ali aus. Es folgte eine Kettenreaktion unter dem Druck von Massenprotesten: In Ägypten, Jemen, Libyen etc. fielen die Langzeitherrscher wie Kegelfiguren. In Syrien leistete Präsident Assad Widerstand und stürzte das Land in einen Bürgerkrieg. Interessanterweise fegte der Arabische Frühling die Herrschaft von Militärs oder (einst) revolutionären Volksbeglückern hinweg. Arabische Monarchien kamen davon. Ihre Herrschaft beruft sich auf eine höhere

Macht. Außerdem reagierten sie flexibler auf den Druck der Straße.

Der Arabische Frühling musste aber bald dem »Arabischen Winter« weichen. Die Autokraten holten sich die Macht zurück. Was war schiefgegangen? Demokratie kann man nicht aufdrehen wie einen Lichtschalter. Es war noch zu früh gewesen für eine freiheitliche, demokratische Staatsordnung, für die komplizierte Staatsform der Demokratie. Selbst in Tunesien, dem ersten Land des Arabischen Frühlings, das in gesellschaftlicher Hinsicht Europa am nächsten kam, ist die junge Pflanze der Demokratie wieder verdorrt. Trotz des Rückschlags kann die Entwicklung in der arabisch-islamischen Welt nicht aufgehalten werden. Dafür sorgen schon die Globalisierung und die Kommunikationsmöglichkeiten des digitalen Zeitalters.

Christen im Islam – das Ende der Geschichte?

Wenn früher ein österreichischer Botschafter in Bagdad einen Empfang gab, tummelten sich

Dutzende Herren in verschiedenen Kaftanen, Turbanen und anderen Adjustierungen in den Räumlichkeiten. Sie alle waren Vertreter verschiedener altorientalischer christlicher Kirchen. Von den 1,5 Millionen Christen im Irak sind heute nur noch 400.000 übrig geblieben. Für sie und für die anderen christlichen Gemeinden im Orient waren die letzten Jahrzehnte eine einzige Katastrophe. Islamischer Fundamentalismus, IS-Terror und nicht zuletzt die Invasion der USA, die den Christen als »Handlangern« in die Schuhe geschoben wurde, haben zu einer Auswanderungswelle geführt.

Fast 2.000 Jahre lang und auch nach der Islamisierung dieses Teils der Welt gehörten Christen zur orientalischen Identität. In normalen Zeiten wurde die Ausübung des christlichen Glaubens geduldet. Das Ajatollah-Regime im Iran pflegt sogar diplomatische Beziehungen mit dem Vatikan. Ich war einmal mit Kardinal Schönborn im Iran, wo er den Gottesdienst in der päpstlichen Nuntiatur in Teheran feierte. Bei der Reise mit einem Bischof nach Saudi-Arabien war ein Gottesdienst allerdings nur inoffiziell im Hotelzimmer möglich, da der Koran andere Religionen auf dem Boden der beiden heiligen Stätten Mekka und Medina verbietet. Islamische Religionsgelehrte sind sich nicht einig, ob das Verbot nur für diese beiden Stätten, für ganz Saudi-Arabien oder für die gesamte Arabische Halbinsel gelten soll.

In dem syrischen Dorf Maalula an den östlichen Ausläufern des Libanongebirges mit seinen zwei der ältesten Klöster der Christenheit wurde bis zur Vertreibung im syrischen Bürgerkrieg noch Aramäisch, die Sprache Jesu, verwendet. Im September 2013 wurde Maalula von der al-Nusra-Front angegriffen und eingenommen. Zahlreiche christliche Einwohner wurden entführt, viele gefoltert und exekutiert. Nach Angaben von Fachleuten ist das Aramäische durch die Kriegswirren als Sprachgemeinschaft ausgestorben.

In vielen Ländern des Orients lösen sich christliche Gemeinden auf. Das Stigma der Verfolgung ist das Schriftzeichen »N« für Nazarener, das auf ihre Häuser geschmiert wird. 300.000 Christen flohen während der IS-Herrschaft binnen eines Monats aus Mosul und der Provinz Ninive in die kurdischen Gebiete des Nordiraks.

Die größte christliche Gruppe des Orients sind die Kopten in Ägypten mit etwa neun Millionen von hundert Millionen Einwohnern. Sie waren während der kurzen Herrschaft des Moslembrüder-Präsidenten Mursi schweren Übergriffen ausgesetzt. Das verschärfte sich noch, als das ägyptische Militär Präsident Mursi stürzte. Damals sahen sich die Kopten einer Art Rachefeldzug ausgesetzt. Binnen weniger Tage wurden in ganz Ägypten über sechzig Kirchen zerstört. Hunderte christliche Geschäfte, Schulen und Wohnungen wurden geplündert oder gingen in Flammen auf, berichtete der Deutschlandfunk. »Die Kirche in Ägypten definiert sich als Märtyrerkirche«, sagt Joachim Schroedel, der Pfarrer der deutschen katholischen Gemeinde in Kairo. »Die Christen wissen, dass sie als Minderheit verfolgt werden – insofern ist es nichts Neues. In angespannten Situationen sucht man immer eine Art Sündenbock. In Verschwörungstheorien über ausländische Kräfte passen die Christen mit ihrer weltweiten Vernetzung.«

In Syrien haben 800.000 der vorher zwei Millionen Christen den Bürgerkrieg überstanden. Im Libanon sind es nur noch etwa eine Million, was einem Bevölkerungsanteil von etwa 32 Prozent entspricht. Früher waren es 54 Prozent. Libane-

sische Christen suchen ihre neue Heimat haupt-
sächlich in Lateinamerika und Westafrika, wo sie
schon in die Elite dieser Länder aufgestiegen sind.
So ist der frühere brasilianische Präsident Temer
libanesischer Christ, ebenso wie der mexikanische
Telekommunikationsmilliardär Carlos Slim.

Von den weltweit 35 Millionen Christen, deren
Muttersprache Arabisch ist, leben nach Angaben
von Kirche in Not zwanzig Millionen im Exil.

Arabischer Golf – Insel der Seligen?

Es ist ein Mysterium, weshalb die Glitzerwelt am
Golf, die jedem fundamentalistischen Islamisten ein Gräuel sein muss, terrorfrei geblieben ist.
Spekulationen, warum es so ist, gibt es zuhauf.
Freikaufen vom Terror? Schatztresor für Terror-
gelder? Die Golfaraber sind an Einfallsreichtum
in Geld- und Wirtschaftsangelegenheiten kaum
zu übertreffen. Die Sicherheit, die sie bieten,
auch für Touristen und Oligarchen, zahlt sich
jedenfalls aus.

Die Vereinigten Arabischen Emirate (Abu
Dhabi, Dubai und andere Scheichtümer) sind

eine Schöpfung des politisch genialen Emirs Zayed al-Nahayan. Das war nicht leicht, denn noch 1942 hatten Abu Dhabi und Dubai gegeneinander Krieg geführt. Als ich 1976 erstmals mit Bundeskanzler Kreisky die arabischen Staaten besuchte, residierte der Emir noch in einem ebenerdigen Lehmpalast. Zum Bankett wurde ein ganzes Lamm zur freien Bedienung aufgetragen. Am Ende wurde die Tür zur Straße geöffnet und das schon wartende Volk konnte sich an den Resten bedienen – arabische Demokratie. Fünf Jahre später wurde im neuen Palast auf französischem Tafelgeschirr serviert. So rasch passten sich die Scheichs an die neue Zeit an. Sie lernten auch, dass man Luxusautos nicht fährt, bis die Motorkolben festgerieben sind (und das nächste Auto bestellt wird), sondern dass bei Autos Service und Ölwechsel nötig sind. Mercedes erwarb sich den guten Ruf, weil man diese Autos am längsten ohne Service fahren konnte.

Einen Sonderfall unter den Golfscheichtümern stellt das kleine Emirat Katar (englisch Qatar) dar. Vormals der gottverlassene Hinterhof der ohnehin ärmlichen Arabischen Halbinsel und ein Zentrum der Perlentaucher (mit nur kurzer Lebensdauer) ist es binnen von nur drei Jahrzehnten durch die Entdeckung des enorm großen Erdgasreichtums zu einem der reichsten Staaten der Welt hinaufkatapultiert worden. Diesen Wohlstandssegen trübt die Sorge vor Begehrlichkeiten mächtiger Nachbarn. Katar ist wie ein Sandwich eingebettet zwischen den beiden Erzrivalen Iran und Saudi-Arabien (das in Katar nicht mehr als seinen Wurmfortsatz sieht). Katars Existenz wird von dieser Rivalität geprägt.

Das Herrscherhaus der Al Thani sichert sich mit einer Doppelstrategie ab: dem Emirat die maximale Weltaufmerksamkeit verschaffen, koste es, was es wolle, sowie die Weltpolitik ins eigene Land holen. Das heißt spektakuläre Sportveranstaltungen sowie Vermittlertätigkeit für die Lösung von Konflikten zwischen Drittstaaten. »Stabilität in seinem Umfeld ist das große Bemühen des Emirats. Also streben wir die Rolle des Vermittlers und Konfliktlösers an«, analysiert Sultan Barakat, der Direktor eines großen regierungsgeförderten Thinktanks, die Bemühungen, die Hauptstadt Doha zu einer Drehscheibe der Welt zu machen. Konkret äußert sich das in einer

Schaukelpolitik: politische und wirtschaftliche Beziehungen mit dem Iran, die die anderen Golf-araber abgebrochen haben, und gleichzeitig auch ein Stützpunkt der US-Luftwaffe (gegen den Iran) mit 10.000 Soldaten zum eigenen Schutz. Für das diplomatische Geschäft der Welt werden Verhandlungstische zu vertraulichen Kontakten angeboten. So fanden etwa in Katar die inoffiziellen Verhandlungen zwischen den USA und den Taliban statt. Auch Israel geht in Katar ein und aus.

Mit dem Emir von Abu Dhabi und Gründungs-präsidenten der Vereinigten Arabischen Emirate, Zayed al-Nahayan, 1978

In dem Ehrgeiz, Avantgarde in der arabischen Welt zu sein und festgefahrene Konventionen zu durchbrechen, schuf der Emir vor 25 Jahren das arabische Gegenstück zu CNN: Al Jazeera. (Jazeera steht für die Arabische Halbinsel.) Die Gründung dieses TV-Senders kam einer Revolution gleich. Er gab den Menschen auf den arabischen Straßen eine Stimme, versetzte arabische Tyrannen in Wutausbrüche und trug nicht unwesentlich zum Arabischen Frühling bei, wo er allerdings als eine Stimme der Moslembrüder auch zu dessen Ende beitrug. Der Sender rühmt sich mit totaler Offenheit (außer bezüglich der inneren Verhältnisse in Katar), eckte im Westen wegen der Veröffentlichung von Terrorvideos an und ist den autoritären arabischen Regimen durch seine Plattform für oppositionelle Stimmen und Anti-Regime-Demonstrationen ein Dorn im Auge. Ein Besuch bei Al Jazeera gleicht dem Besuch einer militärisch abgesicherten Festung.

Wegen der Beziehungen Katars zum Iran, zu den Moslembrüdern und anderen radikalislamischen Gruppen brachen 2017 Saudi-Arabien, die Vereinigten Arabischen Emirate und Ägypten alle Beziehungen zu dem Emirat ab und verhängten ein Totalembargo inklusive der Schließung des Luftraums. Sie warfen Katar Terrorunterstützung vor. Durch diese Isolierung entstanden in Katar Engpässe in der Lebensmittelversorgung. Dafür hatte der Emir – typisch für den Einfallsreichtum der Golfaraber – eine ungewöhnliche Lösung: Er ließ aus Deutschland und den USA 4.000 Milchkühe einfliegen und schon Wochen später waren riesige vollautomatische, luftgekühlte Ställe – Milchfarmen für künftig 14.000 Kühe – errichtet. Kühe waren nicht die einzigen neuen Bewohner der katarischen Wüste. Ähnliches gilt für 18 Millionen Hühner. Gemüse kommt aus Gewächshäusern. 2019 war die komplette Selbstversorgung erreicht – so viel zu Sanktionen als Waffe. 2021 musste der Boykott der Golfaraber gegen Katar wegen Erfolglosigkeit beendet werden. Katar konnte sich für die große Fußball-WM rüsten.

Katar und die Fußball-WM

Die Urangst der Golfaraber ist ihre Überwältigung durch die benötigten Arbeitsmigranten, zumal diese ausländische politische Interessen oder (sozial-)revolutionäre Ideen im Schlepptau haben könnten. Tatsächlich ist das Zahlenverhältnis zwischen Einheimischen und Ausländern absurd. Beispiele: In Saudi-Arabien sind dreißig Prozent der Einwohner Arbeitsmigranten und siebzig Prozent der Einwohner ausländische Erwerbstätige, in den Vereinigten Arabischen Emiraten haben von zehn Millionen Einwohnern nur 1,1 Millionen die Staatsbürgerschaft und Katar hält laut UNO den Weltrekord mit 88 Prozent von 2,6 Millionen Einwohnern. In den gesamten Golfstaaten liegt der Anteil der Ausländer bei neunzig Prozent!

Die Folgen sind ein strenges Überwachungssystem, Sammelunterkünfte, erniedrigende Bedingungen, die zuweilen an moderne Sklaverei erinnern, rigorose Abschiebungen. Dazu zählt das sogenannte »Kafala«-System, eine Art von Bürgschaft, von Abhängigkeitsverhältnissen, das Missbrauch und Menschenrechtsverstößen Tür und Tor öffnet. Jeder ausländische Arbeitnehmer benötigt einen Bürgen – in der Regel ist das der Arbeitgeber. Der Bürge (»Kafil«) regelt die Einreise- und Aufenthaltsformalitäten, das heißt, er zieht den Reisepass ein und händigt ihn

bei der Ausreise wieder aus. Das schafft sklaven-
ähnliche Verhältnisse mit nicht geringen Fällen
von Missbrauch, besonders in der Bauindustrie
und bei weiblichen Hausangestellten: ausblei-
bende Lohnzahlungen, Schuldknechtschaft, un-
menschliche, unhygienische Arbeitsbedingun-
gen in einigen der reichsten Staaten der Welt. Bei
Streitigkeiten ordnet der Kafil die Ausreise/Aus-
weisung an. Die Internationale Arbeitsorganisation der UNO (ILO) kämpft gegen dieses System
in den Golfstaaten an.

In der Welt dieser gesellschaftlichen und sozialen Zustände sicherte sich das Golfemirat Katar
2015 von der FIFA die Fußballweltmeisterschaft
2022, das bislang größte Ereignis für die ehr-
geizige Al-Thani-Dynastie. »Höhepunkte, wie es
solche noch nie gab«, verspricht der Manager des
Al-Janoub-Stadions euphorisch – eines von sieben (!) neu errichteten. Diese sollen nach der WM
teils gänzlich abgebaut, verpackt und als Spende
an Entwicklungsländer verschifft werden.

Sofort nach dem FIFA-Zuschlag für die WM
begannen die enormen Baumaßnahmen und
tatsächlich ereigneten sich auf den Baustellen
außerordentlich viele tödliche Unfälle. In der in-

ternationalen Öffentlichkeit brach ein Sturm der Entrüstung los. Anfang 2020 kündigte die Katar-Regierung unter internationalem Druck Arbeitsmarktreformen an und versprach Rechtsschutzmaßnahmen und Mindestlöhne.

Was wurde aus den Reformen? Ein Besuch im Oktober 2021 zeichnete folgendes Bild: Katar ist das einzige Land am Golf, das 2018 die Internationale Arbeitsorganisation (ILO) geholt hat, die im Land den Besserungskatalog überwachen soll: Abschaffung des Kafala-Systems, Einrichtung von Betriebsräten, hitzefreie Tage, falls der Glutofen von Juni bis September gänzlich unerträglich wird, und so weiter. ILO-Delegationsleiter Max Tuñón: »So rasch wurden in keinem anderen arabischen Land arbeitsrechtliche Bestimmungen geändert. Bei der flächendeckenden Umsetzung gibt es aber noch Nachholbedarf. Staatliche Bestimmungen lassen sich leichter ändern als das privatwirtschaftliche Verhalten. Die Zahl von Arbeitsunfällen hat sich doch deutlich verringert.«

Seit dem Beginn von Putins Krieg gegen die Ukraine ist auch die internationale Kritik an Katar leiser geworden. Führende Politiker und

Wirtschaftskapitäne geben sich bei der Erdgas-Großmacht die Türklinke in die Hand. Es gilt, guten Wind zu machen, um Verträge zur Gasversorgung zu ergattern. Wie lautet doch das Motto Katars: »Weltpolitik und Weltmeisterschaft« ...

KRISE DES GLAUBENS

»Ihr macht aus Kinos Supermärkte, wir machen aus Kinos Kirchen«, sagte mir in Rio de Janeiro ein Pastor der Kirche Igreja Universal do Reino de Deus (Universalkirche des Königreichs Gottes) auf die Frage zur raschen Verbreitung der neoevangelikalen Kirchen im einst erzkatholischen Brasilien.

Wir befinden uns in einem palastartigen Gotteshaus. Jede Sitzreihe hat bequeme Fauteuils, ausgestattet mit den letzten Errungenschaften der digitalen Kommunikation. Geld für religiösen Aufwand ist im Überfluss vorhanden, denn die Gläubigen leisten korrekt ihren Zehent und Millionäre bis hinauf in die hohe Politik gibt es unter den lateinamerikanischen Neoevangelikalen genug. Präsident Bolsonaro ist so einer.

Soweit zur Moderne, aber wenn Gottesdienst ist, finden auf der Altarbühne Teufelsaustreibungen am Fließband statt. Besessene zucken in aufgestellter Reihe und werden von schreienden, wild gestikulierenden Pastoren (»Scher dich hinweg, Satan!«) in die Mangel genommen. Nach erfolgreicher Heilung singen alle ein freudiges Halleluja.

Nächster Schauplatz: Parintins am Amazonas, wo die Indios bei einem einzigartigen Spektakel Ende Juni ihren Dschungelkarneval feiern. Auf den Wiesen der Insel spielen sich unter Alkoholeinfluss orgiastische Szenen der Lebensfreude ab. Anschließend torkeln sie abends auf dem XXL-Jahrmarkt in die hell erleuchteten Buden/Pavillons der neoevangelikalen Kirchen zur Beichte am Fließband, bevor sie wieder in den Urwald zurückkehren. Diese Freisprechung von Sündenstrafen ist an diesem Abend nur dort möglich. Die große katholische Kirche des Ortes ist finster und verrammelt. Die Amtskirche will mit dem Sündenpfuhl nichts zu tun haben. Sie schließt sich in klerikaler Erstarrung vom Volk ab. So ist sie heute nicht einmal mehr die herrschende Kirche aus den alten Zeiten. Lateinamerika ist kein exklusiv katholischer Kontinent mehr. Das mag 2013 im Konklave in Rom auch eine Rolle gespielt haben, den argentinischen Jesuiten Jorge Mario Bergoglio zum Papst zu bestimmen. Dieser wählte nicht zufällig den Namen Franziskus, des Heiligen der Volksverbundenheit, der Rückkehr zu den Wurzeln des Neuen Testaments. Bisher hat die Wahl des Papstes aus Südamerika dort wenig Wirkung gezeitigt.

Die neoevangelikalen Kirchen sind während der Jahrzehnte lateinamerikanischer Militärdiktaturen von missionierenden »Mutterkirchen« aus den USA in die Länder gekommen, um den Massen mit dem Segen der US-Politik rechte spirituelle Betreuung zu bieten. Die Letztausbildung der Kader findet noch immer in den USA statt. Talentierte Einheimische – nicht von der alten Elite – erhalten Stipendien an US-Universitäten und erklimmen so in ihren Heimatländern die höchsten Positionen.

Die Igreja Universal do Reino de Deus war 1977 von dem Lotteriehändler und später selbst ernannten Bischof Edir Macedo gegründet worden. Er ist heute einer der reichsten Unternehmer Brasiliens. Die Einnahmen dieser Kirche allein in Brasilien werden auf jährlich 1,4 Milliarden Dollar geschätzt. Heute betreibt sie 76 Radiostationen und zwanzig TV-Sender nach den Grundsätzen modernen Marketings. Sie ist wie andere neoevangelikale Kirchen streng fundamentalistisch.

Und in Europa? Hier schwindet die gesellschaftliche Bedeutung herkömmlicher Glaubens-

richtungen. In Frankreich und Deutschland be-
kennt sich die Bevölkerungsmehrheit zu keiner
Religion mehr. In zwei vormals ultrakatholisch-
konservativen Ländern hat die katholische Kirche
ihre Vormachtstellung eingebüßt beziehungsweise verspielt: In Polen ist sie nicht mehr das
exklusive nationale Sammellager gegen ausländische Unterdrücker und in Irland hat sie wegen
des Bekanntwerdens von furchtbaren Skandalen
in der Politik und Gesellschaft ausgespielt. Es ist
doch auch erstaunlich, wie wenig Spuren der so
lange amtierende und spektakulären Auftritten
nicht abgeneigte »Reisepapst« Johannes Paul II.
in der angestrebten Neumissionierung der Gesellschaft hinterlassen hat.

KLIMAKRISE, MIGRATIONSKRISE

Die 1.142 Kilometer lange chinesische Eisenbahnlinie nach Tibet, deren Eröffnung ich 2006 auf dem Tanggula-Pass in 5.068 Metern Höhe mitfeiern durfte, ist nicht nur eines der größten Eisenbahnbauprojekte der Welt, sie weist auch eine Besonderheit auf: Die Gleiskörper sind auf den 550 Kilometern Permafrostboden mit 10.000 Kühlstäben bestückt. Sie funktionieren nach dem Kühlschrankmodell. Das chinesische Eisenbahnministerium erklärte bereits einen Monat nach der Eröffnung der Strecke, dass der Permafrostboden unter der Bahnlinie sinkt und erste Risse zeigt, was die Bahn an manchen Stellen destabilisiert. Auch der Beton einiger Konstruktionen zeigt Risse. Es muss laufend nachgebessert werden.

So sieht der Klimawandel aus. Das Auftauen der Permafrostböden weltweit ist nicht nur das übliche Zeichen der Erderwärmung, es beschleunigt diese sogar durch das austretende Methan. Dieses Treibhausgas ist 32-mal klimawirksamer als Kohlendioxid. In Sibirien sinken ganze Dörfer ein. Der Erwärmungseffekt ist in Sibirien und der Arktis auch besonders signifikant.

Zur Begrenzung des Temperaturanstiegs bahnt sich in vielen Staaten ein neues Atomkraftwerkszeitalter an, auch in Staaten, die bisher AKW-frei geblieben sind. Begründet wird der Schritt auch mit einer neuen Generation von Kernkraftwerken: Small Modular Reactors (»Westentaschen-Reaktoren«). Sie werden in einer Fabrik gebaut und müssen dann nur noch an den Montageort gebracht werden. Sie sind so konstruiert, dass im Fall eines Atomunfalls (angeblich) keine Evakuierungszonen mehr notwendig sind. Auch das Abwracken könne problemlos in der Baufabrik durchgeführt werden, heißt es. Zwei sind schon in Betrieb: eines in Argentinien und ein schwimmendes in Russland. Rolls-Royce plant Reaktoren, die am Fließband hergestellt werden können und sich mit Lkw transportieren lassen.

Eng mit der Klimakrise ist die Migrationskrise verbunden. Haben wir in Europa den Druck aus dem Süden, so hat die Republik Südafrika, der (relativ) höchstentwickelte Staat des Kontinents, den Druck aus dem Norden. Die Probleme sind die gleichen. Leider muss festgestellt werden, dass wir erst am Anfang der Migrationskrise stehen.

Ein Beispiel: Ich war im Rahmen einer Friedensmission des österreichischen Bundesheers im Tschad. Dort sollten die bürgerkriegsähnlichen Zustände in diesem Teil der Sahelzone unter Kontrolle gebracht werden. Bei den Kontrollfahrten stellte sich bald heraus, warum Dörfer gegen Dörfer Kleinkriege führen: Es ist der Kampf um Brennholz zum Kochen, der Kampf um die letzten verdorrten Bäume in der durch den Klimawandel austrocknenden Zone Afrikas. Bald werden auch die letzten Bäume weg sein. Wohin werden die Menschen wohl ziehen? In Südafrika wächst der Migrationsdruck durch verheerende Überschwemmungen in den Zentralgebieten des Kontinents, etwa im Norden von Mosambik.

38 Millionen Hungeropfer?

Putins Krieg hat eine weltweite Nahrungsmittelkrise angestoßen, deren ganzes Ausmaß noch gar nicht wirklich abzuschätzen ist. Durch den Ausfall der Getreideexporte aus dem »Brotkorb der Welt«

sowie die Auswirkungen des Klimawandels droht allein in Afrika eine Hungerkatastrophe, die alles Bisherige in den Schatten stellen wird. Knappheit schafft Verteuerung, zündet sozialen Sprengstoff in Ländern, die ohnehin am Kippen sind.

Für Europa bedeutet das eine Migrationskrise im XXL-Format. Die deutsche Außenministerin Annalena Baerbock von den Grünen war über das Unheil, das sich an der »Hungerfront« abzeichnet, derart alarmiert, dass sie mitten in der Ukraine-Krise zu einem Informationsbesuch nach Afrika aufbrach. Dort rief sie die internationalen Partner auf, »die weltweite Ernährungskrise rasch gemeinsam anzugehen«. Schon jetzt hätten sich die Preise auf den afrikanischen Märkten (inflationsbereinigt) verdoppelt. Rund 38 Millionen Männer, Frauen und Kinder würden in den nächsten Monaten in Westafrika Hunger leiden müssen. Wegen des Klimawandels habe es hier alle drei Jahre Dürre gegeben, jetzt schon alle zwei Jahre. Dies treibe die Lebensmittelpreise in unglaubliche Höhen und nehme den Menschen in der Sahelzone den Raum zum Leben, sagte die Ministerin. Zudem nützten Extremisten die Not aus, »um Menschen für ihre barbarischen Zwecke zu rekrutieren«.

Ägypten, der weltgrößte Getreideimporteur, mit hundert Millionen Einwohnern und allen vierzig Sekunden einer Geburt drohte im Mai 2022 zum ersten Opfer außerhalb des Kriegsgebiets der Ukraine zu werden: Der Brotpreis hat sich verdoppelt – ein soziales Pulverfass. Achtzig Prozent des Getreides müssen importiert werden, vierzig Prozent davon aus der Ukraine. (Bis 1996 war Ägypten Selbstversorger gewesen, dann wurde die Baumwollproduktion ausgeweitet.) Das Land am Nil (nur acht Prozent der Fläche Ägyptens) versucht, Getreide aus Indien (!) zu kaufen, Indien verlangt aber den dreifachen Preis.

Kurz ein Blick auf die Statistik zum Ausstoß von CO_2-Treibhausgasen seit dem Jahr 1750 in der Welt: USA 25 Prozent, China 14, Russland sieben, Deutschland 5,4, Großbritannien fünf, Japan vier und Indien 2,3 Prozent.

Wasserstoff als Hoffnungsträger

Vor knapp vierzig Jahren sah ich das erste Wasserstoffauto – in Japan, das damals noch Innovationsweltmeister war. Das Testauto war von den

Tokioter Gaswerken (!) konstruiert worden, die sich als künftiger Produzent von Wasserstoff sahen, dem »Gas der Zukunft«. Das Auto hatte eine Besonderheit: Es machte Pipi. Als Abfallprodukt der Wasserstoffverbrennung kam hinten Wasser heraus, reines Wasser. Ich bemerkte: Wenn alle Autos Wasserstoffautos wären, müssten wir auf der Straße Gummistiefel tragen. Später produzierte Toyota das erste Wasserstoffauto in Serie (mit einem Tank für Wasser). Doch das Wasserstoffauto (mit Elektromotor) blieb Zukunftsmusik. Es wurde vom Elektroauto überholt, das einfach praktischer ist.

Dennoch ruht die Hoffnung auf umweltfreundliche Energieträger weithin auf Wasserstoff, falls er »grün« ist, also mit erneuerbarer Energie erzeugt wird. Das gilt für den Großraumeinsatz wie Lkw oder Eisenbahn. Sogar Stahl kann damit erzeugt werden, indem man statt Kohlenstoff Wasserstoff in die Hochöfen bläst. Das Abfallprodukt ist dann nicht CO_2, sondern Wasserdampf. Schweden hat das erste Werk, das »grünen Stahl« erzeugt. Er ist allerdings um vierzig Prozent teurer.

DAS WUNDER SÜDAFRIKA

Neben dem Fall der Berliner Mauer war das un-
blutige Ende des Apartheid-Regimes in Südafrika
das positive Ereignis der Jahrhundertwende. Das
war umso überraschender, als viele meiner Ge-
sprächspartner bei den Besuchen in Südafrika
der Überzeugung waren, die Buren würden ein-
gedenk der Burenkriege bis zur letzten Patro-
ne eine Machtübergabe verhindern wollen. Bei
mehreren Aufenthalten auf dieser anderen Seite
der Erdkugel war mir bei Gesprächen mit Ver-
tretern des Apartheid-Regimes aufgefallen, wie
hinterwäldlerisch ihre Sichtweise der Welt war.
Die ferne Welt interessierte sie auch nicht, wenn
sie sonntags auf ihren Farmen Braaivleis (Braten-
fleisch) oder Boerewors (Burenwurst) grillten.

Das Wunder Südafrika war zwei Personen zu
verdanken: dem Versöhnungskurs des 27 Jahre
lang inhaftierten Führers des African National
Congress (ANC) und späteren Präsidenten Nelson Mandela sowie dem Sinneswandel des am-
tierenden Präsidenten und Führers der Nasionale
Party, Frederik Willem de Klerk. Er war der Vertreter der Buren, Nachfahren der Kapholländer,

die sich selbst Afrikaaner nennen, Afrikaans sprechen und sich als ein indigenes Volk des afrikanischen Kontinents betrachten. Ihre Ideologie war die »getrennte Entwicklung« (Apartheid). Sie sind strenge Calvinisten der Nederduitse Gereformeerde Kerk, quasi die Staatskirche Südafrikas. Die Buren sind eine Minderheit in der Minderheit: vier Prozent bei neun Prozent (vormals 14 Prozent) Weißen in der Gesamtbevölkerung von sechzig Millionen. Eine Million hat seit der Machtübergabe das Land verlassen. Bis zu fünf Millionen Migranten aus dem Inneren Afrikas leben im Land, viele illegal, was zu gewalttätigen Unruhen mit Einheimischen führt. Elf Sprachen der »Regenbogennation« sind Amtssprachen: zwei weiße und neun Bantu-Sprachen.

Das Zusammentreffen mehrerer Faktoren machte das Wunder möglich: erstens der Zusammenbruch der Sowjetunion, der die Angst der Weißen vor dem ANC milderte, dessen Aktivisten als gottlose Terrorkommunisten abgestempelt waren. Zweitens die totale Wende der mächtigen Staatskirche der Buren, die auf einer Generalsynode »demütig und reuevoll« gestand, dass die Apartheid eine Sünde ist: »Rassismus als politisches System ist nicht mit dem christlichen Wertekanon vereinbar.« Drittens waren die internationalen Sanktionen in der Wirtschaft immer härter spürbar. Viertens der Verzicht Nelson Mandelas auf Revanche oder Rache. Diese Größe macht ihn zu einem der herausragenden Politiker des 20. Jahrhunderts, nur vergleichbar mit Mahatma Gandhi oder Michail Gorbatschow.

1994 gab es die ersten allgemeinen Wahlen mit der Bildung einer Mehrheitsregierung mit Nelson Mandela als Präsidenten. Wie der Häuptlingssohn in seiner Autobiografie berichtet, lernte er schon als Kind, seine Gegner »zu bezwingen, ohne sie zu entehren«, und später die Suche nach einvernehmlichen Lösungen. Das Apartheid-Regime hat Südafrika als höchstentwickelten Staat Afrikas hinterlassen. Die Entwicklung unter den Nachfolgern Nelson Mandelas ist durchwachsen …

SUCHE NACH DER NEUEN ORDNUNG

Pandemie, Krieg, Klima – die Welt ist voller Krisen. Worin liegt der Schlüssel, ihr wieder Stabilität zurückzubringen? Die Suche nach der Zauberformel scheint vergebens. Vor der Zeitenwende galten Freiheit und Wohlstand als selbstverständlich und unumkehrbar. Welch eine Täuschung, welch ein böses Erwachen!

Die Reise in diesem Buch durch die Zeitenwende hat jedenfalls eine Gemeinsamkeit der Probleme als eine Ursache offengelegt: den Mangel an Bildung. Unwissen und Halbwissen – Letzteres ist besonders gefährlich, weil Halbgebildete glauben, alles zu wissen – führen zu Missverständnissen und Fehlkalkulationen, die wiederum die Ursache der meisten Konflikte sind, weil davon ausgegangen wird, dass der Gegner genauso denkt wie man selbst. Das ist aber nicht der Fall. Das Beispiel Putin ist exemplarisch. Wir brauchen ein neues Zeitalter der Aufklärung! Es gilt, der Wissenschaftsfeindlichkeit, der Kriegslüsternheit oder dem Dschihadismus das Wasser abzugraben. Das schließt die Notwendigkeit besserer Politiker ein. Wir haben es selbst in der Hand, ob wir den Kräften des Chaos und der Gewalt hilflos ausgeliefert sind oder nicht.